Michel-Abraham Bushiri Mwinyi

Les fruits de ma plume

Michel-Abraham Bushiri Mwinyi

Les fruits de ma plume

Éditions Muse

Imprint

Cover image: www.ingimage.com

Publisher:
Éditions Muse
is a trademark of
International Book Market Service Ltd., member of OmniScriptum Publishing Group
17 Meldrum Street, Beau Bassin 71504, Mauritius
Printed at: see last page
ISBN: 978-620-2-29629-8

DU MÊME AUTEUR

" Ta présence me suffit, Tome 1", ISBN : **978-613-7-36352-2**, Editions Croix Du Salut, Allemagne, 2018.

"Paix pour mon pays, La République Démocratique du Congo recherche sa liberté", ISBN : **978-620-2-29569-7**, Editions Muse, Allemagne, 2020.

Table des matières

Dédicace

Ngenyanga Ndarabu,
toi qui conduisais mes premiers pas scientifiques, initiant ma conscience à la science pendant que j'en étais ignorant, toi qui me forçais les études par la motivation de ma mère, toi qui m'apprenais comment tenir le crayon pour écrire, toi qui m'enseignais avec des bâtonnets en tapant la latte au tableau noir pour attirer mon attention, toi qui entonnais même de chants qui m'encourageaient d'aller chaque jour à l'école sans m'absenter, à l'exemple de ce chant d'endurance que j'aimais beaucoup: "unataka nini mutoto ? Sita acha somo langu eee, lukamba ndogo kata jiwe eee, sababu yakupita amo kila siku baba uuh uuh[1] "et d'autres qui m'aidaient à mémoriser les voyelles ***a, e, i, o, u****. Toi, qui ce livre manque les caresses de tes doigts, le regard de tes yeux, l'écoute de tes conseils, toi qui as quitté ce monde et qui y reviens par ces lignes...*
Je dédie ce livre.

---

[1]C'est une chanson swahili qui prêche la persévérance pour la vie des études ; comparativement à une corde qui finalement coupe la grosse pierre à cause d'y passer chaque fois...

Préface

Mon goût pour la littérature remonte à mon plus jeune âge. Il me vient d'abord de mon enseignant[2] de français à Kindu où j'ai commencé les études, un amoureux de la littérature négro-africaine, doué d'une culture prodigieuse. Cet homme nous entraînait dans beaucoup d'activités culturelles, entre autres : les scénettes, l'élaboration de la fiche de lecture, la rédaction et déclamation des poèmes[3], etc. et tout cela, il le faisait dans le but d'amener notre esprit à la hauteur de concevoir des idées afin de les exposer au monde, comme *Alioune Diop* le fondateur de la *Présence Africaine*, l'écrivain qu'il aimait tant. Je me souviens bien que chaque fois qu'il nous dispensait le cours de français, souvent la littérature négro-africaine occupait la grande partie de sa parcelle ; il nous racontait la contribution de la littérature négro-africaine dans le monde et nous contait avec son talent incontournable ***le mouvement de la négritude***, tout en nous excitant d'en emboiter nos pas… cet enseignant était et est vraiment un griot. Nous étions littéralement subjugués par ces activités.

Le soutien à la littérature est une mission fondatrice de tout scientifique. Donner du temps aux écrivains pour encourager leurs projets de créativité est une tâche que les ministères d'enseignement et d'autres institutions devraient naturellement appuyer. Et je suis de même avis que Jean-Pierre Mara qui disait ; "*notre effort à progresser dépend en réalité de ce que nous sommes aujourd'hui et de ce que nous aspirons à devenir demain : qui nous sommes et ce que nous voulons être. Or nos pays manquent de mécanismes pour promouvoir nos cultures afin de nous permettre de voir le revers de nos mentalités et comportements. Les instruments qui permettent ce développement sont le cinéma, le théâtre, la vidéo, la lecture, le civisme etc. Il faudrait donc que les africains prennent conscience que le rôle des ministères de la culture n'est pas de faire danser des femmes aux seins nus devant les personnalités ou bien de présenter des objets d'art aux étrangers*." Si la multiplication des initiatives littéraires favorise une création d'excellence, leur nombre rend d'autant plus nécessaire un outil pour les identifier.

C'est important pour nous d'accueillir cet ouvrage " ***les fruits de ma plume*** " l'œuvre qui redonne à cette génération le goût de la lecture et de l'écriture.

Lorsque j'ai fini ce travail, je me suis vu sortir de moi-même et me regardait comme dans un miroir, j'ai constaté que le monde est un drap déchiré que nous devons raccommoder par nos meilleures pensées. C'est par les pensées nobles

---

[2] Joseph ONDOTCHAKOYI NDJEKA, au collège de l'Enano

[3] Magazine : *Maniema Pense et Parle*, initié par le chef de travaux Joseph Ondotchakoyi, Kindu, 2003-2004.

que ce monde se verra renaitre dans un environnement intellectuellement sain, de telles philosophies, rares sont les gens de cette génération qui y croient et qui s'y penchent, mais nous, croyons que : « *ce monde est dirigé par les écrits, et s'il faut le conduire, c'est par les textes* (la loi) *qu'il le faut* ».

Connaissant bien cela, Dieu Tout-Puissant montra à Josué en ces termes l'importance du livre (les textes) dans sa vie : « *Que ce livre de la loi ne s'éloigne point de ta bouche ; médite-le jour et nuit, pour agir fidèlement selon ce qui y est écrit ; car c'est alors que tu auras du succès dans tes entreprises, c'est alors que ru réussiras (Josué 1 : 8)* ».

Il est bienheureux pour un sage africain de saisir cette occasion exceptionnelle pour offrir à sa descendance, voire même à toute sa génération ce florilège. Les textes, les récits et les poèmes qui constituent le contenu de ce bouquin ont été écrits dans la période qui va de 2011 à 2018. La plupart de ces poèmes, récits… ont déjà fait l'objet d'émissions à une radio onusienne (*Radio Okapi,* dans son émission d'agenda culturel*)*, et d'autres sont de communication dans différentes cérémonies et promotions culturelles auxquelles plupart d'entre vous avaient pris part. Malgré la diversité des sujets abordés, il y a pourtant une certaine unité qui se situe au niveau de la visée : *revêtir la Littérature africaine de sa belle robe blanche*.

Il est écrit que " les oiseaux chantent la gloire de Dieu." Alors si les hommes se limitent à ce que les oiseaux savent faire, Dieu ne pourra pas être content d'eux. Si Dieu a donné un cerveau aux hommes et pas aux oiseaux, il avait ses raisons. Il attend que les hommes utilisent leur cerveau pour pratiquer les sciences, parce que les sciences permettent à l'homme de faire des miracles, de résoudre tous les problèmes qui pèsent sur l'humanité. Nous restons convaincus que par la parole écrite l'Afrique sera sauvée.

Je vous invite à le parcourir, car son contenu apporte un vent littéraire nouveau. Tout intellectuel qui veut épanouir son intelligence, peut se procurer de ce manuel et le parcourir, dans le but d'éveiller sa conscience quant à ce qui est de l'invention (tirer du néant une idée non encore exploitée et la valoriser comme si elle existait déjà). Si vous posséderiez et parcouriez ce livre comme moi, votre esprit s'épanouirait, vous utiliseriez de manière bénéfique votre cerveau, et l'Afrique se verrait revêtue de sa belle robe blanche qui est ensanglantée par les autres. Je vous conseille alors de bien vouloir vous procurer de cet ouvrage, et particulièrement aux scientifiques, et aux jeunes en esprit, je vous demande de vous en procurer c'est alors que vous progresserez. Merci et bonne lecture.

Remerciements

À mon Seigneur et Saveur Jésus-Christ s'oriente toute ma gratitude.

À ma mère Yoha Mwimba, qui m'aimait et qui n'est plus, qui n'avait pas croisé les bras pour ne pas m'envoyer à l'école bien qu'elle assumait seule cette responsabilité, trouve ici l'expression de ma profonde gratitude.

Je suis reconnaissant à mes enseignants de l'école primaire Mwana-Bwato où on a déposé dans moi la première pierre de fondation scientifique.

Je pense à vous mes collègues de l'école primaire dont : Amuri Mundenga, Yakobo Kimbilikiti, Amsini Yuma, Mwenyemali Baguma, Kamata Kamukupi, Muyololo Amsini, Zaina Kimina, Muzuri Mubangu, Ali Kaka Mwepa, Samwele Mukangwa, Lusamaki Lusa, Omari Kimbele, Shabani Mukangwa, Safi Kalokola Julie, Shabani Kabundila Donatien, Musa Mbizo, Nsubi Baroani, Saidi Mukangwa, Sumaili Pataule, Shabani Lukika, Munyampala Sumaili, Watanga Waterloo, Amlani Maftala Willy, Fatuma Mupenda, Musa Kyanga, Panda Bin Yemba Papy, Awezai Mukokya, Masani Kalenga Muzée, Swedi Mukangwa, Amunazo Tchambi, Vumilia, Wabingwa Muchapa, Mawazo Mpala, Wamobe Masangu, Ibonga Kilimba, Joao Paso Jean, Amisi Mulima Papy, Kalume Kangombo, Kalume Walama, Musa Saleh, Mwembe Mabruki, Nyasile, Safi Kapela Helene, Ramazani Kibwabi, Abuba Abdallah, Ngomo, trouvez ici l'expression de ma reconnaissance.

Vous qui jouiez avec moi à la recréation, vous qui chantiez avec moi en tapant les deux mains sur les pupitres quand il faisait midi, l'heure de la sortie de l'école, vous qui aviez formé avec moi un corps insoluble, vous qui ma mémoire n'oubliera jamais, vous qui n'êtes plus, et qui me laissez jaillir les larmes aux yeux : *Anjelani Ngenyanga Mamie, Kabala Mutumbi, Amisi Kengongo*, *Anjelani Mikoka, Zahabu Lokenga* et *Amisi Kakando*, citer vos noms me fait voir l'image de la belle robe que portait notre enfance à l'école Mwana-Bwato sous la conduite du directeur Mukokya Idumbo… vous restez pour moi inoubliables.

Je pense à vous Samsosela Myango, Bushiri Kapinga Evoloko, et Mukokya Idumbo, respectivement mes enseignants et mon directeur de l'école primaire qui ne sont plus vivants sur cette terre de vivants. Aussi je pense à vous Monga Lukala Lucien mon enseignant de quatrième année primaire, le seul d'eux qui vit encore (l'aloès). Ce livre est le fruit de vos sacrifices pour moi, l'œuvre dont la nature n'a pas permis à vos consanguins de la parcourir, moins encore de l'entendre ; trouvez ici l'expression de mes sentiments de reconnaissance.

Je suis naturellement reconnaissant envers mon frère Cédric Sinunvayo et le Professeur Ordinaire Benoît Awazi Kungua Mbambi qui n'ont jamais ménagé de leur temps pour m'aider à aller de l'avant et dont les conseils me sont précieux.

Ma gratitude se dirige vers le chef de travaux Saidi Kibandwa Serge, qui n'a jamais ménagé de son temps pour m'aider à aller en avant et dont les conseils me sont succulents.

À ma bien-aimée sœur Aridja Safi, et mon bien-aimé frère Useni Mwimba Reagen, vous êtes formidables, vous avez un avenir rayonnant et vous êtes remplis de qualités, vous qui aimez comment les efforts de notre mère nous poussaient tous d'aller à l'école, venez, allumons le feu littéraire, car l'hiver bat son plein dans le monde.

À mon amour *Jeannette Radjabu Claudine Evangelina*, tu es remplie de talents, de qualités, de charismes et tu as un avenir extraordinaire. Je suis heureux de toi *Evangelina*, parce que tu as décidé de me rejoindre pour qu'ensemble puissions être *un.* Trouve ici l'expression de l'attachement de mon cœur à toi.

Que soient remerciés tous mes collègues de l'école primaire dont les souvenirs restent gravés dans mon cœur et que ces pages ne peuvent contenir.

Introduction

La littérature est un monde créatif dont l'écriture est la créature. Qu'on ne nous dise pas qu'elle n'a pas de l'importance dans le monde, *la littérature* ; qu'on ne nous dise pas non plus qu'elle n'a pas sa place dans notre société d'aujourd'hui, *l'écriture*, que nous n'adhérions pas à la philosophie de ceux qui croient que le monde peut se développer même sans l'écriture… L'écriture c'est la parole écrite, c'est par elle que tout existe. Savez-vous que la parole crée ? L'Egypte qui l'a premièrement utilisée, a attiré tout le monde vers sa civilisation, il a impacté le monde entier quant à l'invention de l'écriture hiéroglyphe ! C'est quoi l'écriture, si ce n'est qu'une force créatrice que le cerveau imprime sur papier au travers de la main, une façon de calquer ou de placarder la pensée innovatrice sur papier.

Ecrire, c'est tirer du néant une idée non exploitée et la matérialiser. Combien de fois les gens ont marché en marge de l'écriture et laissent aujourd'hui le monde dans le chaos ? Il n'y a rien de plus important que la littérature, il n'y a rien de plus important qui a ouvert autant l'intelligence de l'humanité que la littérature. Aujourd'hui la littérature est au rabais dans nos sociétés, au point que même certains universitaires ne sont pas à mesure de lire et d'écrire correctement en français et moins encore en anglais, que dire maintenant des élèves de l'école primaire, secondaire et professionnelle ? Si donc la connaissance qui est en nous n'est qu'ignorance, combien sera grande cette ignorance ? Ça nous va droit mal au cœur lorsque celui que nous pensons connaître ne connaît absolument rien… Les larmes nous remplissent les yeux lorsque nous voyons le gouvernement manquer la volonté d'allouer un montant important du budget pour le secteur éducatif ; or, *une civilisation qui choisit de fermer les yeux à ses problèmes les plus cruciaux est une civilisation atteinte*[4]. Le monde est devenu incapable de résoudre les problèmes que suscite son fonctionnement, il est en train d'aller certainement vers sa décadence, où le secteur éducatif n'est pas priorisé, et l'état a perdu le volant éducatif pour sa population, en ne mettant pas de mécanismes nécessaires pouvant contraindre le géniteur scientifique à fréquenter quotidiennement la bibliothèque, et à s'habituer aux activités culturellement littéraires ou/et scientifiques, afin qu'en celui-ci germe l'esprit créatif qui combattrait l'ignorance qui pollue notre environnement d'aujourd'hui.

[4]Aimé Césaire, *Discours sur le colonialisme*, Paris, Editions Présence Africaine, 1955, p. 44.

Un pays qui a beaucoup d'analphabètes ne se développe jamais, disait *Alfred Sauvy*, quel stratégie que le gouvernement donne pour éradiquer ce fléau d'analphabétisme qui ronge notre environnement intellectuel ? Qui est analphabète ? Toute personne qui possède un diplôme qui ne correspond pas à son niveau intellectuel, est un analphabète...Combien de licenciés et docteurs prématurés avons-nous ? Ceux qui ne savent rien inventer bien qu'ils ont appris les notions qui les permettent de concevoir des projets et de les matérialiser afin de répondre aux besoins de leur société !

Nous avons abandonné la littérature, voilà les conséquences de notre abandon nous rattrapent, mais avec *les fruits de ma plume,* une décision est prise ; celle de tenter l'aventure littéraire, d'interpréter et de transformer le monde par la pensée, la parole et l'écriture. Lire et écrire doivent nous caractériser, afin de porter en nous l'image d'un monde nouveau lequel nous aspirons.

La littérature m'épanouit

Je me rendais dans un territoire où il n'y avait ni la radio, ni le moyen de communication, là, je menais mes recherches sur l'émancipation des peuples autochtones entre autres les pygmées. J'ai trouvé un peuple pareil à celui de l'antiquité et pourtant le monde avait déjà fait un pas de géant dans son évolution. J'ai passé un moment en train d'observer leur façon de vivre et de réfléchir sur le pourquoi de leur retard d'évolution. Je m'étais rabaissé à leur niveau, en vivant avec eux pour bien les comprendre. Ce peuple vit de la cueillette et de la chasse, c'est chez eux, pour ma première fois que j'ai vécu dans une forêt où la machette n'avait jamais détruit un arbre, là où les tortues se déplacent comme des fourmis ; une forêt naturelle qui abrite un nombre illimité d'espèces animales, j'ai vu beaucoup d'espèces animales rares et protégées par l'environnement, les espèces comme bonobos, lesula, inoko… qui ne vivent que dans cette forêt vierge, mais les habitants de ces villages n'avaient rien de rares en eux que l'environnement intellectuel pouvant protéger. Tous les matins et les soirs, je me donnais le travail de compter les bataillons de singes, des bonobos et d'autres espèces animales qui défilaient sur les arbres. Un jour, j'avais convoqué une réunion avec le peuple de ce village, et lorsque j'étais en train de leur parler concernant l'évolution de l'homme, personne d'entre elles ne savait de quoi je leur parlais exactement, alors j'avais sorti le livre "*Nègre je suis, nègre je resterai*" ; l'œuvre d'un des pères de la littérature négro-africaine, j'avais aussi sorti l'ouvrage ***Batouala***, l'œuvre de René Maran, puis j'avais commencé à les leur faire lire, mais personne d'entre elles ne pouvait même baragouiner ce qu'il voyait dans ces bouquins. Ça m'avait fait déchirer le cœur et j'ai pleuré amèrement de ce que l'écriture était étrangère dans leur culture, et j'avais vite compris que leur retard d'évolution est lié à l'absence de la littérature au centre de leur culture… "*Longtemps, ils vivent dans cette forêt et leur vie reflète l'image de cet environnement rétrogradé, très longtemps, ils côtoient les animaux mais leur vie n'est pas différente de primates*" soliloquais-je. Quelle culture qui peut changer leur nature ? N'est-ce pas la littérature ?

Cette pensée me revenait tous les jours à l'esprit de telle sorte que je commençais à la ruminer. Comment peut-on vivre sans la littérature ? Comment ce peuple va-t-il se développer sans elle ? Privez-moi de tout sauf de l'écriture, criai-je ! J'avais une fois de plus convoqué un rassemblement de tous les peuples autochtones et même ceux des contrées voisines pour leur proposer la culture de la littérature au centre de leur culture. *Aucune créature ne peut évoluer si elle est à la marge de la littérature*, leur disais-je. Si vous êtes en retard par rapport aux autres aujourd'hui, c'est tout simplement parce que vous avez été privés des lettres ; rappelez-vous de Dieu lorsqu'il donnait des responsabilités à Josué dans le désert vers Canaan, Il lui recommanda la lecture du livre pour le progrès de sa vie, et vous savez tous que Josué est allé arrêter même le soleil…! Alors vivre sans la littérature c'est vivre sans l'épanouissement

Après avoir réveillé leur conscience dans ce sens, ils sont restés convaincus de ma pensée, et ils m'ont tous suivi au barza où j'avais l'habitude d'étaler mes quelques livres français pour attirer leur attention. Je les avais vus pour la première fois toucher mes livres bien qu'ils ne les touchaient pas, et je faisais mine de ne pas leur fixer le regard, et voilà leurs doigts ne cessaient de caresser les pages de mes livres bien qu'ils ne savaient ni lire ni écrire. Le lendemain matin, je les ai tous réuni dans un auditoire en bambou, où je m'étais mis à leur apprendre comment écrire les alphabets ; j'ai commencé à leur donner les notions rudimentaires, après quelques mois, ils ont su comment écrire leurs noms et cela se remarquait sur les troncs d'arbres où je trouvais leurs noms écrits par eux-mêmes, ce jour-là j'étais très encouragé de lire leurs noms sur les troncs d'arbres qu'ils écrivaient avec la machette. Mais aussi longtemps qu'ils n'avaient pas encore commencé à écrire avec l'encre sur un bout de papier, ils n'étaient pas différents de macaques cultivés et pourtant mon but était de les rapprocher non seulement de l'homme intelligent, mais de les faire devenir cet homme idéal. Alors mon cœur s'écriait au-dedans de moi-même de ce que la machette était pour eux le stylo et les arbres, les papiers. Quelle écriture ? De quelle culture ? Existe-t-il la phyto-écriture ? Me demandais-je ! Non ! Je les invitais encore pour leur parler d'Aimé Césaire, et à la fin de l'enseignement sur la biographie d'Aimé Césaire ; l'un d'entre mes élèves posa la question de savoir : " Césaire était un homme de quelle nature ?" tout l'auditoire était resté calme parce que la réponse à cette question pouvait les motiver à la littérature ou pas. "Aimé Césaire était un homme de la même nature que nous," lui répondais-je ; et pour approfondir ma réponse dans leur cœur, je leur avais montré l'ouvrage écrit en collection des écrivains africains qui étaient à la rencontre d'Aimé Césaire au Sénégal : *Césaire et Nous*[5], alors tout le monde s'était décidé de suivre

5 Césaire et Nous, *une rencontre entre l'Afrique et les Amériques au XXIème siècle,* Cauris Editions, Paris, 2004, p.15.

Césaire suite à ce qu'ils ont entendu de la quintessence de cette rencontre. Plus les jours passaient, plus le français germait dans leurs cœurs, et plus on avançait avec les enseignements, plus le français prenait la place du choix dans leur culture.

Après quelques mois, nous avions organisé une grande manifestation culturelle qui avait au menu : le théâtre, la déclamation de différents poèmes, interprétation de chants français, danse folklorique, etc. j'avais imprimé beaucoup d'affiches pour la publicité de la manifestation, lesquelles étaient affichées dans beaucoup de lieux, et deux jours après, nous avions remarqué que ce peuple ne comprenait pas le message qui leur était adressée aux affiches, bien que les images des acteurs sur les affiches les attiraient. Alors j'avais été obligé d'appeler les éclaireurs et leur faire porter l'affiche au cou comme carte de service, puis je les déployais en les affectant chacun à l'endroit où il y avait une affiche pour expliquer leurs confrères qui étaient à la marge de l'écriture. Nous avions constaté que le nombre d'affiches qui n'avaient pas d'éclaireurs était trois cents cinquante fois plus que le nombre d'éclaireur qu'on avait ; comment devions-nous faire pour trouver d'autres éclaireurs ? On se demandait avec d'autres amis ! Et quand bien même on aurait le nombre complet d'éclaireurs, on viderait tout le monde aux villages et on les cantonnerait à l'endroit où se trouve l'affiche, alors qui aurait besoin d'explication de l'affiche pendant que tout le monde serait éclaireur ? Ça nous semblait difficile de trouver beaucoup d'éclaireurs d'affiches.

Trois jours après, nous avions constaté la disparition de toutes les affiches qui n'avaient pas d'éclaireurs, et subitement nous les avions vues attachées aux queues de colobes rouges et bonobos qui défilaient sur les arbres. Tous les arbres étaient colorés en affiches et cela donnait une image forestièrement littéraire et tous les singes sautillaient à la cadence sous l'impulsion de petit vent qui leur soufflait sur les arbres. Nous avions décidé de poursuivre nos affiches que les primates avaient prises. Après avoir effectué une longue distance de plus de quatre-vingt-quinze kilomètres à pied dans la forêt sans récupérer même une seule affiche ; nous nous inquiétions, nous étions accablés de fatigue, et comme une biche soupire après des courants d'eau, ainsi nous avions soif de l'eau. Nous avions cherché de l'eau partout, mais en vain ; car nos yeux ne pouvaient pas bien voir, parce que les ténèbres prenaient sa relève. Que devons-nous faire pour étancher notre soif ? C'était ça la question qu'on se posait. Alors qu'on s'apprêtait pour se coucher, l'un de mes compagnons nous conseilla de couper toutes les cordes qui s'imbriquaient là où nous avion jugé bon de passer la nuit, car selon leur coutume, il n'est pas bon de dormir près de cordes, de peur que nous ne voyions de cauchemar de serpents pendant le sommeil. Alors en coupant ces cordes, nous étions tous étonnés de voir de l'eau sortir de ces cordes, nous étions tentés de boire de cette eau, et sans au préalable contrôler sa pureté, nous en avions bue ; car nous ne pouvions pas supporter de voir de l'eau sans en asperger la gorge. Après l'avoir bue, nous nous étions rendu compte que nous venions de découvrir les robinets en végétaux qui produisent de l'eau naturelle et pure en pleine forêt. Nous commencions à mener des études sur la canalisation de cette eau vers nos bicoques, mais nous n'avions pas pu le faire parce que la regideso n'était pas notre domaine, mais la littérature était la nôtre. Après un moment, nos yeux s'assoupirent, et pendant que nous ronflions dans le profond sommeil, les visiteurs indésirables nous attaquaient, nous piquaient et nous pleurions de leurs piqûres ; c'étaient les fourmis rouges qui nous bleuissaient, et toute la nuit nous n'avions pas fermé l'œil. Lorsque nous étions rentrés au village, nous avions raconté tout cela aux sages qui sirotaient du café sous la paillotte de leurs ancêtres.

Le déplacement de nos affiches par les primates, avaient sensibilisé tous les villages environnants la forêt équatoriale. Le jour qu'avait lieu la manifestation, tout le monde était au rendez-vous à tel point que les places pour asseoir les invités ne suffisaient pas, cela s'expliquaient par la loi de l'offre et de la demande, dont sa graphique nous montrait claire que : plus le nombre de participants augmentait, plus l'espace diminuait et la capacité d'accueil devenait très faible. Pendant que cette manifestation culturelle commençait, subitement nous avions tous vu les primates perchés sur les arbres avec nos affiches collées aux queues, alors l'un des acteurs voulait quitter la scène théâtrale pour aller entrer dans la scène des primates et les abattre, mais tout le monde l'empêchait d'y aller. L'un de nos spectateurs lui réprimanda en disant : où veux-tu aller ? Jusques à quand continuerons-nous à manger les gibiers et vivre comme eux ? Ne vois-tu pas que ce que tu fais sur scène est une nourriture intellectuelle capable de nous communier avec d'autres personnes d'une autre culture, ce qui peut relever le défi que nous avons ? Il n'y a rien de plus important sur la terre que ce que tu nous présente sur la scène : *" la littérature " !* Et puis, nous avions continué avec notre scène et les singes étaient restés dans la leur, sur les arbres. *Pourquoi la francophonie au centre de nos cultures ?* C'était le thème autour duquel se jouait notre théâtre. La scène avait débuté par la déclamation des poèmes français, par des chants français, et lorsque le théâtre proprement-dit avait commencé, les acteurs, chacun à son rôle montrait noir sur blanc les richesses qui sont dans la francophonie et ils montraient aussi l'importance d'avoir une langue uniforme, d'où ; l'union fait la culture. C'était pour leur première fois d'entendre l'un d'eux interpréter *C'est toi ma chance*, le morceau musical de Julius Césaire. Alors tous les spectateurs trémoussaient de danse de cette musique classique en répétant les mêmes mots de chant après l'interprète, après quoi un autre déclamait le poème intitulé *"La francophonie, socle de nos cultures*", il disait :

Comment puis-je exister dans la nature,
Et rester à la marge de la littérature ?
Comment puis-je être une créature,
Et ignorer l'écriture ?
Dieu nous recommanda le livre pour la lecture,
C'est elle la nourriture qui nous amène à la parfaite stature,
La littérature nous épanouit,
Elle nous écarte de toutes les nuits,
Qui nous apportaient des anuits,
Qui savait qu'un jour on sortirait de ces vieux ténèbres,
La vie qui nous colorait en funèbres ?
Où on ne savait c'est quoi la littérature,
Et pourtant l'évolution du monde est liée à l'écriture,
Oh ! Francophonie, socle de nos cultures !
Qui savait que notre couleur noirâtre
Pourrait devant les gens paraitre ?
Les hommes autour du livre,
Dans un monde qui délivre,
Tous les analphabètes qui ne sont pas libres,
Et qui veulent vivre par le livre,
Afin de suivre ce qui peut leur faire vivre,
Oh ! La francophonie nous réunit autour d'un grand ancêtre,
Qui n'est autre que le français qui nous fait renaître,
La langue qui nous fait paraître aux êtres,
Et qui pénètre la mémoire de ceux qui veulent connaître,
Les lettres.

Tout le monde acclamait avec de cris de joie de telle sorte que cette ambiance culturelle faisait danser et descendre au bas des arbres les singes et bonobos qui étaient dans leur scène. Après cela, nous avions fait une marche au rythme de chant avec des banderoles en mains sur quoi étaient écrits les noms des écrivains de la pléiade, de la négritude, du nouveau roman, du classicisme, de l'humanisme, etc. et lorsque nous avions commencé à entonner une chanson qui débobinait les noms de grands écrivains comme Blaise Pascal, Albert Camus, Aimé Césaire, René Maran, Léopold Sédar Senghor, Peter Abrahams, etc. nous avions vu comme dans un rêve leurs images défiler à nos yeux à la manière d'un film. Et pendant qu'on marchait, les gens de la foule coupaient des rameaux, et en jonchaient la route en répondant au refrain de la chanson qu'entonnait l'un de nous. Nous marchions devant la foule comme de clergés qui entraient à l'église pour la messe. Alors nous avions fait une tournée culturellement littéraire. Lorsqu'on voulait arrêter la manifestation, on avait constaté l'absence des primates sur les arbres. Et subitement ces primates sont venus jeter à côté du lieu de la manifestation toutes les affiches qu'ils avaient prises, puis ils se sont enfuis dans la brousse en poussant de cris de douleur. Or en ce moment-là, un vieillard, le plus âgé de tous les vieillards du village nous racontait leur histoire en griot et toucha sur l'événement de cris qu'avaient poussés les primates lorsqu'ils fuyaient, il disait : savez-vous ce que cela veut dire ? Prêtez-moi l'oreille s'il vous plait mes enfants et faites-moi confiance, je suis de ceux qui connaissent mieux l'histoire de nos villages, nos ancêtres me l'apprenaient dès mon jeune âge, je suis vraiment une bibliothèque vivante que vous semblez ignorer ; ces singes disaient ceci au travers de leurs cris que je comprenais bien : " *Quand vous coupez les régimes de bananes dans vos champs, nous en coupons et en mangeons comme vous, quand vous cueillez de goyaves, nous en cueillons et en mangeons comme vous, et même quand vous barricadez l'eau de la rivière pour y attraper des poissons, nous en faisons de même et en attrapons aussi, mais quant à ce qui est de la littérature, nous ne pouvons jamais nous en adapter comme vous, car lorsque vous utilisez la tête pour réfléchir; nous, nous utilisons la queue croyant bien que la longueur de notre queue peut réfléchir mieux que la petitesse de la tête d'un homme, n'aviez-vous pas remarqué que nous portions des affiches publicitaires à la queue? C'est comme ça qu'un analphabète raisonne en se rabaissant à ses fesses. Si une culture pareille existerait depuis bien avant, nous nous séparerions de vous depuis très longtemps, et vous seriez épanouis et développés comme le reste du monde".* Puis, à notre tour, nous avions poussé de cris de joie en criant chacun : *la littérature m'épanouit* ", et lorsque nos cris fonçaient plus loin dans la forêt, lesquels nous retournaient les échos, les singes et bonobos ne faisaient que s'enfuir dans leur peur, et la littérature nous collait dans nos cœurs…

Nyekese

Nous étions tous fatigués de notre marche, et son odeur pesait plus sur nos narines. Nous-nous déplacions de village en villages, de ville en villes et nous avions réalisé beaucoup de découvertes à notre propre effort. Nous étions devenus des touristes, sans l'autorisation du service de migration, portant nos sacs, sillonnant ci et là, connus de tous les cabinets, mais n'ayant aucune bourse soutenant notre tourisme. Ceci ne nous donnait pas l'espoir de vivre ; mais notre devise était le courage et l'espérance, ce qui constituait même notre fondation. Bien qu'on ait le courage et l'espérance comme support, notre apparence n'attirait personne. C'était pour nous le devoir de quitter notre logement le matin sans le rendez-vous de personne et d'y regagner le soir, voir même la nuit.

Nous-nous étions installés dans la vallée, nous y restâmes là pendant une période plus ou moins longue. Nous commencions à mener une expérience dans la vallée et, tout ce que nous faisions, était bon et impeccable ; mais personne n'appréciait notre impérieuse besogne, tout simplement parce que nous étions au fond de la vallée. Nous avions senti une absence absolue de nos amis et connaissances qui nous visitaient avant, et qui ne nous appelaient plus ; nous avions compris qu'ils avaient même supprimé les alphabets de nos identités sur leurs tableaux. Nous étions restés dans la vallée d'Elila, nous voyions tous ceux qui passaient au sommet de la montagne à Muyengo, mais ceux qui étaient au sommet ne voyaient même pas les étincelles de nos yeux qui clignotaient à leur intention.

Nous étions comparables aux éléments jetés à la poubelle[6]. Un jour le soir, toute notre constellation était allée contempler l'affluant Elila, tout d'un coup, nous avions vu le mouvement de l'eau changé, c'était un vent impétueux qui s'était jeté sur les eaux, Abraham, l'un de notre équipe nous dit : est-ce qu'avez-vous la même réflexion que moi ? Je crois que la nature nous apprend aujourd'hui ce que nous ignorons de fois ! Nous avons devant nous des petites collines sur la surface de l'eau, aussi des petites

[6]Partie ouverte uniquement aux boss élevés lentement par l'Eternel

dénivellations entre leurs sommets et leurs vallées ; c'est un système ondulatoire. Ceci m'envoi dans la vie humaine qui évolue comme un ressort, elle monte, elle descend ; la vie a le haut et le bas ; la vie c'est le ressort, c'est ondulatoire ! Le non employé est avantageux parce qu'il se prépare pour entrer dans son bureau, et l'employé pour embrasser la porte. Pour mieux monter il faut descendre et pour bien descendre il faut monter, la nature nous appelle à comprendre tous les deux paramètres de Nyekese, d'où « *la vie est une montagne, laquelle quand on y est au sommet on est vu même par un aveugle, et quand on y est descendu, on devient invisible même devant le radar satellitaire.* »

La flèche dans le carquois du chasseur

La saison sèche a commencé il y a deux semaines et demi, toutes les bêtes se sont regroupées à côté des rivières et dans des endroits marécageux, nous expliquait le vieux Kubanza lors d'une réunion vespérale sous le barza de nos ancêtres : *vous devez prendre chacun son instrument de chasse et aller nous chercher des gibiers en brousse, car nous en avons besoin, et c'est vous qui êtes restés notre force*. Chacun regagna sa case pour arranger ses flèches et carquois. Demain très tôt le matin, avant qu'il ne soit cinq heures, nous nous réveillâmes et prîmes des directions différentes pour la chasse. Nous avons embrassé le côté Nord-Est de notre forêt, notre équipe était composée de huit personnes dont le chef de fil était Kalongo. Nous avançâmes dans la forêt, tous nous fûmes attentifs au point qu'on avait chacun dix yeux, les oreilles à la grandeur d'une vanne du riz et une bouche disciplinée et fermée. La route était longue et aucune rivière ne s'affichait, nous times jalousement nos carquois et flèches, nous arrivâmes sous un baobab où nous nous reposâmes, le chef de fil alla chercher des papayes, mais il rentra avec de l'eau dans des feuilles. Nous crûmes qu'il avait trouvé une source d'eau, mais il nous expliquât qu'il puisa cette eau dans une corde qu'il avait coupé, nous allâmes aussi voir la corde avant de gober de cette eau, nous essayâmes à notre tour, nous vîmes de l'eau propre, pure, sortir dans une corde en pleine forêt, et nous la consommâmes pour toute notre première fois. La nuit étant arrivée, nous-nous endormîmes tous sous l'ombrage de ce baobab, l'un de nous étant un somnambuliste, il cria à haute voix dans son songe : « *tenez-vous débout et allez au sud de ce baobab, après huit cents mètres il y a des animaux,* » nous-nous précipitâmes à nous lever et partîmes selon son ordre. Autour de nous il y avait des chimpanzés qui nous contemplaient pendant qu'on dormait sans que nous soyons au courant, nous les vîmes devant nous, nous crûmes que c'était des humains, nous les suivîmes, après un temps ils poussèrent des cris, c'est alors que nous découvrîmes que c'étaient des chimpanzés, nous-nous armâmes jusqu'aux paupières pour les abattre. Nous fîmes signe à notre compagnon qui avait rêvé de nous rejoindre où nous étions ; car il dormait encore.

Nous suivîmes les traces des animaux jusqu'à découvrir la grande rivière qui était le campus de toutes les espèces animales, le chef de fil Kalongo nous donna signe de les suivre, nous courûmes vite et nous n'attrapâmes aucun d'eux. Nous voyions bien les animaux, mais nous ne savions pas comment les atteindre, c'est alors que Kalongo nous dira : *à quoi servent nos carquois et flèches ?* Et directement l'un de nous tira sur une gazelle, puis nous les abattîmes tous avec nos flèches et chacun de nous tua au moins vingt-cinq bêtes par jour, et nous fîmes un hangar où nous les séchâmes. Nous regagnâmes la maison avec nos gibiers fumés. De notre retour, tout notre village nous accueillait avec des chansons, ils vinrent aux pas de danse prendre nos bagages. Le vieux Kubanza couché sur sa chaise écouta des cris de joie, il se leva, lui aussi rythma son corps à une cadence folkloriquement instrumentalisée, puis nous embrassa en cascade et c'était une grande joie dans le village. Le vieux Kubanza invita tous les chasseurs sous le barza pour qu'ils lui restituent leur mission, ils relatèrent véritablement ce qu'ils ont vécu en brousse. Dans leur restitution, trois choses ont attiré l'attention du vieux ; « le robinet dans la forêt, l'échec d'attraper les animaux avec les mains et le somnambulisme de notre collègue », le vieux Kubanza montra ses dents jusqu'à ce qu'on découvrit l'absence des molaires dans sa salle.

Kubanza dit, « dans notre forêt il y a tout, sauf rien, cette corde n'est pas magique, elle est naturelle, puis elle ne se trouve dans n'importe quelle forêt ; nos ancêtres avaient bu de cette eau là et c'est ça notre bénédiction, je vois que vous étiez partis très loin ! La chasse ne se fait pas sans instruments, ne confondez pas le ramassage des tortues et des champignons à la chasse des animaux mes enfants ! Les flèches qui sont entre vos mains, sont plus puissantes que vous-mêmes, vous ne pouvez jamais faire ce qu'elles peuvent faire, mais leurs forces et leurs vitesses dépendent de vous qui les maniez. Kabeya votre frère a vu où se trouvaient les animaux et ce sont les chimpanzés qui vous entouraient qui lui ont informé pendant que vous tous étiez distraits dans le sommeil.» Après la restitution, le vieux

Kubanza rassembla tous les habitants du village devant le barza, il invita ses enfants chasseurs avec leurs carquois et flèches, les présenta devant les habitants et dit : voici je n'ai plus de force, moi votre vieux, je vous présente ces enfants aujourd'hui avec leurs matériels, fixez leur bien le regard et regardez-leur attentivement ; ils portent de flèches, ils sont devenus mes flèches que je manie dans le carquois, de la même manière qu'un chasseur vise une lance sur une gazelle, moi aussi j'envoie mes enfants aux services que je ne peux pas. Vous êtes témoins de la mission que je leur ai confiée, vous avez tous dansé de leur retour de la forêt, ils ont tué les animaux que je n'avais jamais tué. Alors je tiens vos oreilles tout en disant ceci : « *toute personne doit aller au-delà des frontières de ses parents, comme une lance prend l'allure puissante que son porteur, de même aussi un enfant doit être chez ses parents.* » La flèche ne cache rien, mais tout est pour le chasseur, la gloire revient à celui qui a tiré et non à la flèche ; aussi l'enfant ne doit pas oublier ses parents pendant son règne, car son avenir dépend de ses parents. *Celui qui vit sans briser les limites de ses parents, il vaut moins qu'un avorton.*

La grenouille et le serpent

La Grenouille était une grande sportive que tous les reptiles respectaient, elle avait vraiment de l'estime et tout son environnement lui craignait. Elle avait son orchestre dans son fief, tous les matins et tous les soirs elle faisait retentir des flûtes et fanfares ; elle était la dame la plus enviée du village. Tellement qu'elle était forte, elle était allée construire sa villa dans un endroit marécageux à côté d'une fontaine. Tous les animaux qui allaient s'abreuver à cette fontaine, demandaient permission à madame la grenouille. Madame la grenouille était très méchante et ne badinait avec n'importe qui.

Dans ce même village était aussi monsieur le serpent, ce dernier avait perdu ses jambes et ses bras lors du dernier combat qui lui avait opposé à madame la grenouille. Le Serpent avait tellement crainte d'aller au breuvage de peur qu'on ne lui coupe la tête. Il avait beaucoup souffert dans ce village et personne ne pouvait plaider pour son cas, il allait chaque jour négocier la paix à son adversaire de taille ; mais celui-ci ne lui écoutait pas. Tellement qu'il était devenu très misérable, il s'était décidé de se réfugier en brousse où il avait eu une vision pendant la nuit, vision selon laquelle « il changeait sa peau et son nom ». Il se réveilla de son profond sommeil et pratiqua ce qu'il avait songé et le voilà réussi. Il se leva et se donna directement le nom de Python et rentra au village. Il était devenu un très jeune et beau garçon. Il alla solliciter cette fois-ci le travail chez madame la grenouille. Madame la Grenouille lui posa la question :

- as-tu des relations avec serpent, ou le connais-tu ?
- Je suis étranger sur cette question et depuis que j'avais rampé sur cette terre, je n'ai jamais entendu parler de ce nom, *Serpent*, c'est le nom d'une locomotive… ? demanda Python.
- Bon, c'est un imbécile qui voulait m'opposer dans ce village et que j'avais amputé ses jambes, et ses mains, mais il m'avait ravi ma queue, répliqua madame la Grenouille, *Chat échaudé craint l'eau froide*, tu le ressembles insista grenouille,
- Assurément pas, répliqua python.

Deux ans après, python n'était pas différent de l'enfant de la maison, or domestique qu'il était, son chef l'aimait beaucoup trop. Pendant que son chef dirigeait son orchestre, il faisait toujours la sécurité de son chef et de son compagnon, pendant ce temps il étudiait comment tuer son chef. Un jour madame la grenouille se promenait avec python, ils étaient allés très loin dans les contrées voisines, python le respectait beaucoup avec crainte. Comme ils partaient, python intéressa son chef malignement :

- *Tout le monde vous respecte cheffe et surtout votre façon de marcher.*
- Je marche comment ? demanda sa cheffe.
- Vous marchez en sautant, ce que je ne peux pas, répliqua Python.
- Oh Python ! c'est ça ma force, répondît sa cheffe.
- Et toi comment tu marches sans bruit, c'est difficile qu'on sache que tu passes si on n'est pas vigilant !
- Hum ! C'est ça ma faiblesse madame, répondît Python.

Ils ont noué des bonnes relations et grenouille ne savait pas que c'était le serpent qui s'était déguisé en ami. Python réfléchissait comment tuer son chef, et se disait en lui-même : « j'avais utilisé mes pieds et mes mains pour le dernier combat, elle me les avait amputés, maintenant qu'est-ce que je peux faire pour l'éliminer ? Sinon, je serais toujours sous ses jambes ! » Python quitta sa chambre et se dirigea vers son chef, il commença à lui raconter une histoire mensongère qui disait : *dans un village vivait un vieil homme qui avait pêché un poisson, mais ce vieil homme ne savait pas comment le tuer, alors ce poisson lui disait, si vous ne pouvez pas faire ce que vous connaissez, vous ne connaitrez pas alors ce que vous pouvez.* » Cette histoire mensongère faisait beaucoup rire madame la grenouille, et python remarqua que sa cheffe n'avait pas tellement des dents, puis il rigola à son tour et grenouille remarqua la gueule de python, surtout son crochet, et sa langue puis grenouille avait eu peur. Cette histoire était une ruse de python pour connaître la position de sa cheffe.

Le soir, comme d'habitude, madame grenouille alla à la répétition, elle appela python pour l'accompagner, mais python poussa des raisons mensongères qu'il serait malade. Apres le départ de son chef, il le suivra malignement, arriva au lieu de la répétition, tout près de la fontaine, il lui trouva avec tous son orchestre et chorale, il rampa plus vite que l'avion et serpenta sa cheffe puis la tua. Toute la chorale en débandade, puis python siffla : *si vous ne pouvez pas faire ce que vous connaissez, vous ne connaîtrez pas alors ce que vous pouvez*, il l'introduisait à son gorge certainement, mais gentiment. Et depuis ce jour-là, le serpent reprit le pouvoir sur la grenouille et partout où le serpent se trouve, les grenouilles doivent afficher impérativement leur absence même s'ils sont en pleine répétition. Dans la vie il ne faut jamais être ouvert à n'importe qui, car le cœur de l'homme est tortueux par-dessus tout, et il est méchant, personne ne peut le connaître.

Je suis une bombe

Je suis fabriquée par un africain, je contiens des matières premières particulières et c'est ce qui explique ma force explosive dans le monde. Je dépends de mon fabriquant, je suis vraiment l'œuvre de ses pensées et aussi de ses mains, mon concepteur m'avait donné une couleur verte comme une mangue, la forme d'une mangue, mais le fond distinct d'une mangue. Pourquoi cette différence de contenu, me demandais-je ? Dans le village de Mobanga, il y avait un vieil homme qui occupait la dernière maison du village, il fut ancien combattant et il était connu au nom d'Albert ; ce vieux papa avait une histoire militaire, je lui avais intéressé pour la question d'une bombe :

- « j'ai commencé la profession militaire à seize ans, j'y ai faite soixante-huit ans. J'ai été au champ de batail au moins quatre cents soixante-dix-huit fois… je connais une bombe, elle est comme une mangue, mais pas comme une mangue… On ne peut jamais semer une bombe, mais on peut semer une mangue ; c'est pourquoi touchez tous les fruits de ce monde, mais ne touchez pas une bombe, il a un système programmé en lui qu'aucun de nous ne connaissait et ne connaitra sauf son auteur », me répondait-il.

Pour des raisons de curiosité, je m'étais enregistré à la force armée du pays après la réponse de l'ancien combattant. Après la période de formation, nous avons été déployés dans une zone où les rebelles menaçaient la frontière de notre pays. C'était ma première fois de voir comment une bombe est lancée, comment elle dissèque l'homme au point qu'on ne peut pas l'identifier. Nous avançâmes dans la forêt où nous vîmes les rebelles dans une vallée à côté d'une rivière, nous-nous cachâmes tous derrière une montagne des termites loin de nos adversaires où nous préparâmes de quoi à mettre sous la dent ; nous fîmes une bonne sauce qui nous avait fait oublier le visage de l'épine qui nous guettai. Le commandant de notre bataillon m'ordonna de lancer aux rebelles une bombe, tous les collègues et moi pleurâmes, croyant que je mourrais. J'avançai silencieusement mes pas vers les ennemis et je regardai derrière moi, tout le monde, couché par terre et voulait même pénétrer le sol. Je croyais que mes collègues ne voulaient pas voir comment je mourais, je sanglotais amèrement, mais doucement comme une musique en sourdine pour distraire l'attention de nos ennemis. J'avais pris la bombe, je l'avais serrée à la main, je l'avais ouverte, je l'avais jetée, puis, je me couchai vite par terre, je regardai ma montre, la bombe tomba au milieu des ennemis, elle avait fait quarante-cinq secondes puis explosa.

Je voulais que la bombe explose dans six secondes, mais elle alla jusqu'à quarante-cinq secondes et tua tous nos ennemis. Nous-nous élevâmes tous, poussâmes des cris de victoire et tous les militaires me félicitèrent. Je posai la question au commandant de notre bataillon de savoir :

- « pourquoi la bombe avait-elle fait quarante-cinq secondes, or je voulais aussitôt jeter, aussitôt exploser ? »
- La bombe est un instrument de combat qui nous aide à attaquer les difficultés et résoudre nos problèmes, me répondait le commandant,
- et il continua :
- alors elle est composée de matières propres que le concepteur avait mis en elle, il a mis en elle un programme bien systématisé, donc sur ce qui est du temps, elle ne dépend pas de celui qui l'utilise, ni de celui qui l'a conçu, mais du système programmé en elle ; avait-il conclu.

Et subitement, un combattant cria avec force « je suis une bombe, quand on me lance, tout le monde se couche par terre avec crainte et tremblement, et tout le monde m'écoute sans exception de personne. Mon programme systématique fait ma force, on ne peut pas modifier le système qui est en moi». De notre retour de la guerre, nous avions trouvé le vieux Albert sous la paillotte à côté d'un grand feu, c'était la nuit, nous lui relatâmes tout ce qui se passait au champ de bataille. Le vieux Albert ajouta ceci en disant : la valeur intrinsèque de quelqu'un n'est pas facilement connue, et en lui il y a un système programmé qui se réalisera un jour, l'essentiel est d'être entre les mains de quelqu'un qui vous lancera. La bombe est un mystère caché ! Vous devez être patient dans votre parcours sur cette terre des vivants, aussi avoir une dose suffisante du courage, je crois que la bombe vous a enseigné quelque chose ! Le jour qu'on vous lancera, tout le monde entendra votre nom. Ne cherchez pas à forcer les choses, votre système est bien programmé. Vous ne pouvez pas soustraire, ni ajouter une nanoseconde dans votre programmation et, si vous brulez les étapes de la vie, vous connaîtrez les coups méchants de la vie. Une bombe respecte bien son programme, attend son élévation au temps convenable et finit à exploser.

La naturalité

Il y avait un laboureur[7] qui avait longtemps vécu à Kaboso, Kaboso est un village qui est situé dans le groupement de Basikamba, entre le village Kiburi et village Melanga ; tous dans le secteur de Balanga, territoire de Kailo. Ce laboureur avait son jardin d'orangers et aimait beaucoup en manger parce qu'elles avaient naturellement le goût original et bon. Il se réjouissait beaucoup de son jardin et l'Eternel Dieu le bénissait du fait qu'il se contentait toujours de ce qui était naturel. Un jour, il s'était dit dans son cœur que « c'est qui est neuf, a de la valeur plus que ce qui est usé. »

Je suis habitué à manger mes fruits, dit le laboureur, je les ai trouvés avec un goût et un arôme original et naturel ; les entreprises sont venues chez moi me les solliciter et je les leur ai distribué, ils les ont transformées, en les transformant elles ont perdu le goût et l'arôme original qu'elles avaient naturellement. Je déchirai mes habits d'avoir savouré les fruits qui sont passées entre les mains des autres avant de m'atteindre, ces fruits m'arrivaient sans arôme original ; or mon Seigneur m'avait habitué à manger l'orange neuve. Pourquoi me forcez-vous de prendre ce qui est usé déjà ? Ce qui est usé appartient à celui qui l'a premièrement utilisé ! Ne me forcez pas de prendre une orange qui provient de l'industrie après avoir

---

7Bopili Lokoko Jérôme

connue une modification. Africainement parlant, l'originalité est très importante, et il est dit que « le cadeau le plus précieux qu'une fille apporte à son mari à la nuit des miels, c'est l'orange naturelle. »
Habillez-vous d'une manière modeste, couvrez honorablement votre corps jeunesse et femme africaine ! La femme, une armée forte que personne n'ignore, « tout homme qui réussit dans ses projets, a derrière lui une femme forte et intelligente ». Pourquoi l'africanisme chez la femme a perdu sa couleur ? Une femme africaine drapée dans sa dignité, était fière de sa couleur et honorait beaucoup plus son orange de façon que personne ne pouvait la déshonorer ; comme c'était arrivé à Dina, la fille que Léa avait enfantée à Jacob. Habillez-vous modestement, la nature elle-même ne vous enseigne pas ? Ne savez-vous pas que l'original a plus de l'estime que l'usé ? Une fille ne doit pas vendre son orange avant sa cueillette, cela n'est conseillé ni encouragé nulle part ! Isaac avait pris en mariage Rebecca sa femme, la vraie science dit qu'elle était une fille très belle de figure, elle était naturelle et aucun homme n'avait pas touché à son orange. Pourquoi fille Africaine et chrétienne mangez votre orange avant le jour de sa cueillette ... avez-vous pour modèle Rebecca ? Auparavant toutes les filles sans mariage étaient naturellement originales.
Voilà comment la société ne sait plus bien progresser à cause de cette indiscipline qui pollue l'environnement, lui chargeant des pépinières qui n'ont pas des jardiniers. Si les problèmes sont multiples dans des ménages, c'est à cause de manger l'orange transformée par d'autres ! La femme peut vendre son orange à plusieurs partenaires et peut ou ne pas les oublier tous ; mais celui qui l'avait contacté le premier ne sera jamais effacé dans sa mémoire, même à sa vieillesse. Toute femme est complexée devant l'homme qui l'avait connu, même si elle est mariée, elle ne parle pas avec autorité devant ce dernier.
Comment les enfants sont nés avec la morphologie de leurs pères, les comportements de leurs pères et même leurs façons de parler ? Voulez-vous nous dire que les pères se photocopient lorsqu'ils regardent leurs femmes ? Je ne pense pas ! Leur photocopie, c'est la semence humaine qu'ils déposent... ! Rentrons maintenant aux problèmes internes des ménages vous qui avez pris décision de faire route ensemble avec nous sur la photocopie. La semence humaine lègue les comportements du propriétaire à quiconque qui la reçoit, alors une fille qui a vendu son orange avant sa cueillette et a connu plusieurs partenaires, aura les comportements égaux de ses anciens partenaires et sa maison subira des multiples

violations tout simplement parce que la femme a trop de semences qui germent dans sa mémoire.

Les relations préconjugales ne sont pas modèles, elles mènent à la grossesse illégitime, à l'avortement et au mariage prématuré avec toutes les conséquences douloureuses. Il est vrai que celui ou celle qui a une vie sexuelle préconjugale déshonore son propre corps. Les personnes de mauvaise foi, ayant abusé de leur vie et étant jalouses de la jeunesse, elles apportent des faux enseignements aux jeunes gens et à toute la communauté pour qu'ils se perdent aussi comme elles. Elles se ventent devant les jeunes de leurs progrès en matière de contraception et de traitement des maladies vénériennes, méprisant le moyen le plus sûr et le mieux adapté, le moins coûteux et le moins toxique, capable à la fois d'éviter la grossesse et les maladies vénériennes, à savoir : « l'état ancien, honorable et sain, ***la naturalité***. La meilleure contraception, c'est éviter toutes les relations sexuelles préconjugales et hors mariage, c'est ça la « ***Naturalité*** ». Ne savez-vous pas que les contacts préconjugaux déçoivent amèrement ? Elles engendrent un sentiment de culpabilité et la perte du respect de soi-même. Il sied de vous dire que tout ce qui est neuf, tout ce qui est naturel, tout ce qui est original a de l'estime et est préféré par l'homme de bon sens.

Il est certain que la loi des semailles subsiste toujours, comme vous vous êtes indisciplinés sexuellement, vous payerez la facture de votre vagabondage sexuel. O Père, la naturalité n'existe pas même chez les adolescents ! À quelle race puis-je comparer cette génération qui est ainsi saccagée sexuellement ? La chasteté n'est pas seulement une protection contre les suites fâcheuses des relations illégitimes, tel que les infections sexuellement transmissibles, mais une protection contre la désobéissance à la voix de Dieu… Garder son orange est une fierté pour une fille, même si son environnement la considère comme une non-civilisée, celle-ci doit protéger son orange comme « un diamant vert » précieux parce qu'elle est rare. Une fille qui sait garder sa « ***Naturalité*** », elle est très intelligente parce qu'elle connait définir sa féminité ; et la féminité d'une fille non mariée, c'est l'*orange* et or l'*orange* c'est le fait de *manquer l'expérience sexuelle*. Une fille qui vend son orange avant la cueillette, perd sa féminité.

Les relations préconjugales nuisent souvent à l'intimité liée au mariage, parce que dans ces relations, on recherche son propre plaisir et on ne voit que l'aspect matériel de la sexualité. Le respect mutuel est bafoué par la passion incontrôlée. Finalement les relations préconjugales ruinent les relations du couple. Le sociologue *Seymour Fichier* dit, je cite : *la façon dont une femme réagit sur le plan sexuel, dépend également de ses sentiments d'intimité et de confiance, ainsi de la capacité de son mari de s'identifier à elle et du degré de confiance qu'elle a en lui.* Quatre cinquième de femmes qui ont eu l'expérience préconjugale, ont des difficultés d'ordre sexuel, car elles portent les souliers qui ne les conviennent pas convenablement comparativement aux souliers précédents, elles ont toujours l'envie aux souliers de son voisin, croyant que ça lui conviendraient et elles restent toujours insatisfaites. Mais il est bon de demeurer chaste à nos jours c'est loin d'être aisé.

« On peut hériter de ses pères une maison et des richesses, mais une femme intelligente est un don de l'Eternel » dit les proverbes, ne savez-vous pas qu'Esther était une pauvre fille orpheline vivant chez son oncle ? À cause de sa beauté, de la grâce, mais aussi de sa naturalité saine, elle a pu attirer le cœur du roi jusqu'au point d'aller sauver tous les juifs, ses frères… ! Elle n'était pas seule, mais avec toutes les filles de différentes provinces, naturelles toutes, défilant devant le roi... Sauras-tu passer devant le roi ? As-tu ton orange originale comme l'avait Esther. Gardes-la bien, toi qui la possèdes, c'est le billet de ton voyage. Qui te dit que le monde évolue, pour que tu commences à ouvrir la fenêtre avant que la maison soit construite ? Marie n'était pas une fille comme toi ? Elle était fiancée et gardait jalousement son orange. Il y a un temps pour toute chose, comment pouvez-vous charcuter l'animal en commençant par les os, au lieu d'aborder d'abord sa peau, puis la chair… c'est inexplicable ! Marquez la différence entre vous et les autres, comment quittez-vous l'Afrique pour arriver à Liège en Belgique sans utiliser le moyen de transport… ne faussez pas la compagnie pour devenir antivaleur, car il est dit : « il y a de même une différence entre la femme et la vierge ». Comment pouvez-vous couper l'os d'un animal sans commencer par sa chair ? Mettez d'abord le couteau à la peau, puis à la chair et c'est après que vous verrez l'os que vous préférez ; mais votre couteau passe par l'os puis à la chair, c'est incompréhensible ! Nous menons minutieusement des études sur votre couteau et sur votre système charcutier, cela dépasse notre connaissance et, personne dans ce monde actuel n'est d'accord avec votre système de charcuter. Chaque science a ses principes et ses règles, si vous voulez devenir génie ou encore savant dans une science quelconque, vous devez respecter ses règles et principes. Pourquoi les règles et principes du mariage ne sont pas respectés ? La vraie science depuis son ancienne partie jusqu'à sa nouvelle, n'encourage nulle part une union qui s'est fait avec la non naturelle, moins encore notre coutume Africaine ne l'appui pas. Alors, tout homme intelligent et sage se référera sur ce texte et celui-ci donnera une éducation modèle à la génération à venir, d'où, « prendre une déflorée, c'est patauger dans l'incertitude d'amour toute sa vie. »

Fille de ma génération

Elle aime beaucoup la fleur,
Elle veut beaucoup d'honneurs,
Elle préfère plus la couleur,

Elle ne consulte pas des livres,
Elle n'aime pas ce qu'il faut suivre,
Sa mémoire n'est pas du tout libre,

Ô cette génération !
Qui n'a pas de position,
Dans sa réflexion,

Elle aime expédier aux garçons des lettres,
Ignorant Mariama Bâ, qui a écrit une si longue lettre,
Et pourtant elle raisonnait comme tout être,

Elle se spécialise plus sur l'amour,
Elle est inapte aux cours,
Apte aux films d'amour,

Elle n'exploite pas Amadou Hampate Bâ,
Elle ne veut pas connaître Mariama Bâ,
Elle ne vise que les choses d'en bas,

Comme un chasseur avec son fusil,
Elle se promène en ville,
Pour des choses viles,

Elle préfère recevoir des chèques,
Pour sa beauté à la boutique,
Ne s'approvisionnant rien à la bibliothèque,

Elle ne s'intéresse pas sur Blaise Pascal,
Elle ne lit pas le cahier d'un retour au pays natal,
Elle ne connaît pas Zamenga du bandoki et carte postale,

Elle change sa peau en devenant blanche,
Elle n'a aucune documentation blanche,
Sa tête n'a la connaissance d'aucune blanche,

Elle ne pense que l'amour,
Elle connaît l'histoire d'amour,
Elle ne sait pas c'est quoi l'amour,

Elle ne reste jamais pliée en Z,
Pour attirer ceux qui l'aident,
Elle a l'air d'un ange raide,

Elle aime toujours paraitre,
Surtout devant les grands prêtres,
Pour qu'on puisse la connaître,

Elle chérit le maquillage,
Elle déteste les pages,
Au profit du mariage,

Elle se mobilise pour fêter la Saint Valentin,
Sa mémoire n'a aucune œuvre du Saint Thomas d'Aquin,
Elle n'a pas le temps de lire Bemba Sylvain,

Elle se donne plus à la maternité,
Elle ne respecte pas la scolarité,
Mais elle veut siéger à l'université,

Elle s'imbibe dans le sexe,
L'employant comme préfixe,
Ignorant son suffixe,

Elle brandi la fécondité,
Comme preuve de sa féminité,
Sans jauger ses capacités,

Si tu consultes l'œuvre *marmite de kokambala,*
Et tu en fais de même pour la *bible noire, Batuala,*
Ce sera pour toi un mal ?

Rotation naturelle

Dans une villa vivaient le dindon et la pintade, ils étaient vraiment des amis inséparables. La pintade était une grande touriste, elle voyageait beaucoup et son ami dindon était la sentinelle de leur villa. Un jour le perroquet est venu solliciter un appartement de derrière dans leur villa de madame la pintade et de monsieur dindon et on le lui accorda. Dindon aimait beaucoup son repas des bananes aux rôtis et quelques insectes, et chaque matin il allait en brousse pour s'en procurer, monsieur le perroquet aimait son repas d'insectes aux fruits palmistes et la pintade préférait des termites et autres insectes. Dans leur environnement, les gens vivaient toujours des combats entre la pintade et le perroquet, ils se disputaient la table et dindon était leur juge. Alors, un certain lundi après bagarres entre Madame la pintade et Monsieur le Perroquet, dans une audience devant leurs avocats, le jugement était prononcé comme suit : *vu l'incompréhension et trouble semés par les deux parties, nous déclarons que ces deux insectivores ont le devoir d'avoir un comportement rotatoire, donc ils vont vivre en rotation pour les permettre de bien gérer leur table.* Après le jugement du dindon, le perroquet est allé dans un village voisin, deux jours après, il regagna sa demeure, c'était la nuit. Et demain matin, ses amis l'ont brusquement vu dans la maison, ne sachant pas quand est-ce qu'il était rentré. Après avoir présenté les civilités à ses amis, il les posa la question : *pourquoi vous réveillez-vous* ? Dindon le juge répondit : *nous-nous réveillons pour manger, pour chercher la vie, et pour avoir aussi le bonheur.* La pintade à son tour dit : *nous-nous réveillons pour voyager, pour travailler et bien sûr pour manger.* Le perroquet reprenant la parole et dit : *vous ne réfléchissez pas normalement, si vous me dites que nous-nous réveillons pour travailler, pour manger..., ne savez-vous pas qu'il y a de ceux qui se réveillent avec l'idée de manger et qui dorment sans ramasser même les miettes à mettre sous la dent, et d'autres qui se réveillent avec la croyance de travailler, qui sont chômeurs, sans aucune occupation ? Est-ce que ces gens ne dorment pas ? Avant de répondre à une question, il faut analyser les allants et les aboutissants de la question !* « Nous-nous réveillons pour dormir et nous dormons pour nous réveiller, celui qui ne se réveille pas, ne dort pas et celui qui ne dort pas, ne se réveille pas non plus.» Est-ce que réellement on se réveille pour chercher la vie ? Non ! Si on se réveillerait pour chercher la vie, alors ceux qui n'en trouvent pas, ne pourraient jamais dormir et s'ils dorment, donc ils se sont réveillé pour dormir et non pour chercher à manger. Vous devez comprendre chers amis que c'est ça la *rotation naturelle*, nous sommes obligés d'apparaître à notre tour pendant que les autres disparaissent comme la rotation du sommeil et du réveil, c'est la loi de l'absence et de la présence.

Hier c'était la période de Léopold Sédar Senghor, Aimé Césaire, Jean Jacques Rousseau, Martin Luther King Jr., Saint Thomas d'Aquin, Marcel Proust, Sembene Ousmane, Montesquieu, Alfred Sauvy, Camara Laye, Guy Menga, Whole Soyinka, Alfred de Vusset, Mpongo Ndaywel, Henri Lopès, Tchikaya U'tamsi, et Simone de Beauvoir ; aujourd'hui c'est le temps de Taslima Nasreen et Margaret Lee Runbeck. Nous venons sur la planète en rotation. Nous naissons pour mourir et nous mourons pour renaître, Christ est venu pour partir et il est parti pour revenir. Pascal Blaise est venu, il nous a donné sa philosophie, ses mathématiques et ses physiques, puis il est parti, moi, je viens et vous donne : "*la paix pour mon pays*", "*le monde que j'ai connu, n'est pas celui dont je pensais*,"... Et moi, aussi je partirai un jour. Léon Gontran Damas, Cheik Hamidou Kane, Frantz Fanon, Dr William du Bois, Langston Huges, Seydou Badian Kouyate, Honoré de Balzac, Guillaume Oyono Mbia, Montaigne, Albert Mongita, Victor Hugo, René Maran, Alexandre Biyidi, Cheik Anta Diop, Beaumarchais, Nicolas Boileau, Zamenga Batuke Zanga, Voltaire, Shakespeare, Albert Camus,... ils sont venus, ils sont partis et ils reviendront, ils ont respecté la loi rotative naturelle, réflexive. Nous venons pour partir et nous partons pour revenir, nous ne nous réveillons pas pour manger ni pour travailler ; mais pour dormir, le soleil se lève pour se coucher et se couche pour se lever. Nous ne naissons pas pour vivre, si nous naissions pour vivre, pourquoi nous mourons ? Donc nous naissons pour mourir et non pour vivre, celui qui ne nait pas, ne meurt pas et, celui qui ne meurt pas ne peut pas renaître. Nous naissons pour mourir et nous mourons pour renaître, mais nous devons laisser des traces avant de mourir, les traces qui nous feront renaître.

La vie de l'homme

Quitter son village,
Sans commettre des pillages,
Et faire tranquillement son voyage,
Prenant tous ses bagages…
La vie c'est une vision

Aller tous les jours à l'école,
Comme ceux qui montent au pôle,
Même si la mallette ne casse pas les épaules,
Etant connu au nom de Paul,
La vie c'est une discipline

Faire une plantation des palmiers,
Entretenir la concession des palmiers,
Protégeant bel et bien son milieu,
Et donner ces fruits à des milliers,
La vie c'est la persévérance

Voir un bébé naître,
Le voir aussi paraître,
Le trouver en brousse en train de paître,
Après des jours il devient maître,
La vie c'est le crescendo

Voir un homme mourir,
Celui qui se démenait pour nous nourrir,
Et tous ses amis commencent à lui fuir,
Parce qu'il commence à pourrir,
La vie c'est la présence

Terminer les études,
Se donner chaque jour l'habitude,
D'aller lire toutes les affiches,
Et les enregistrer dans une fiche,
La vie c'est une recherche

Lutter contre le chômage,
C'est construire l'échafaudage,
Pour ceux qui haïssent la paresse,
Et qui combattent la paresse,
La vie c'est le travail

Des jeunes se précipitent dans le mariage,
Comme des chiens qui ont la rage,
On les observe bien qu'on est de leur âge,
La manière dont ils ne respectent pas la marge,
La vie c'est une discipline

Voir quelqu'un construire,
Investissant avec son salaire,
Et l'autre qui ne pense pas construire,
Bien qu'ils ont tous un même salaire,
La vie c'est un projet

Consulter un ouvrage,
Tomber sur un bon passage,
Ayant un sain éclairage,
Pour un nouveau message,
La vie c'est la lecture,

Plus de cinquante millions…

Ils sont plus de cinquante millions,
Des personnes enterrées dans ces tourbillons,
Assassinées par ces rebellions,
Perforées par ses aiguillons,

Nous avons déjà quitté la colonisation,
Nous sommes bien dans la libération,
La liberté de toute la population,
Et la clé de toute la nation,

L'enfer c'est vous qui télécommandez ces désordres,

Vous qui nous envoyez la vipère afin de nous mordre,
Vous qui couronnez notre histoire de l'opprobre,
Où on vient tous les jours nous tordre,

Nos ancêtres liés comme des marchandises,
On les amenait n'importe où comme des chemises,
Chemises, produits de leurs entreprises,
Et d'autres entassés dans le bateau comme des valises,

Tout le monde était dans le noir,
Personne ne savait user de son pouvoir,
On ne pouvait pas non plus se mouvoir,
Parce qu'on n'avait pas droit à la gloire,

Hier, fouettés des arbres,
Aujourd'hui, tués des armes,
C'est pourquoi nos yeux ne font que couler les larmes,
Et notre pays est devenu un lieu de drames,

Nous n'aimons pas cette guerre dans nos cœurs,
Nous n'aimons pas sa couleur,
Nous ne voulons pas sentir même son odeur,
Parce qu'elle nous infecte des malheurs,

Je me souviens de cette époque,
Quand Lumumba participait aux colloques,
Il dissipait leur équivoque,
Cela était pour les blancs un grand choc,

L'indépendance c'est avoir une vie libre,
L'indépendance c'est être loin des coups des calibres,
Songer à remettre le pays dans l'équilibre,
C'est ça avoir une vie libre,

Plus de cinquante millions,
Sont des enfants sans maisons,
Errant çà et là comme des papillons,
Croupissant sous la corvée de la rébellion,

L'indépendance c'est avoir la paix,
L'indépendance c'est briser l'épée,
L'indépendance c'est avoir une sécurité bien drapée,
L'indépendance c'est avoir une politique agapè,

Maintenant que nous sommes indépendants,
Ne nous remettez pas encore à l'enfer,
L'époque qui nous a fait grincer les dents,
Quand on nous souder aux fers,

L'enfer c'est vous politiciens,
Qui nous remettez encore dans ces liens,
Qui tuez nos corps au détriment de chiens,
Qui nous considérez comme leurs tremplins,

L'enfer c'est vous commanditaires,
Qui mettez au péril nos militaires,
La géhenne c'est vous nos leaders,
Dont nous lisons les noms dans les hebdomadaires,

C'est vous qui êtes les épines,
Vous qui jetez à l'Est des mines,
L'enfer c'est vous qui dites je domine,
Vous qui nous faites rouler sur les épines,

L'enfer c'est vous pasteurs,
Qui honorez dans vos églises les leaders menteurs,
Qui ne dites jamais la vérité aux conducteurs,
Parce qu'ils sont vos donateurs,

Déposons les armes,
Chose qui nous fait pousser des cris d'alarme,
Apportons au pays le calme,
Pour nous essuyer les larmes,

Quel cauchemar !

Ma mère balayait ma chambre jusque-là où se trouvait ma mini bibliothèque, elle ramassait tous les papiers qu'elle voyait inutiles à ses yeux et les mettait dans sa poubelle. Ce jour-là, je revenais de la prière à l'église et heureusement mon DIEU par ma prière, retenait ma mère à la distraction de contempler les images des écrivains les plus célèbres de la pléiade, de la négritude, du nouveau roman et du symbolisme qui étaient placardées sur les murs de ma chambre. Juste à mon entrée de la parcelle, je l'ai vue avec sa poubelle ambulatoire, pleine des papiers qui avaient la couleur de mes pensées et l'odeur de mes verbes ; je lui saluais, elle ne répondait pas, je lui demandais : où vas-tu avec mes écrits ? Elle se déplaça de la fenêtre à la porte avant de me gronder, puis elle me répondît ; si tu es devenu fou, tu dois nous le dire, pourquoi peux-tu remplir ta chambre avec des papiers inutiles ? Directement l'ordinateur que je tenais à main tomba par terre ; car aucun billet monétaire de ce monde n'avait la valeur d'un de mes papiers. Ma machine complètement détruite, endommagée et toutes mes données totalement bousillées, perdues. Je lui suppliai de me les remettre, tellement qu'elle avait de l'affection pour moi, elle n'était pas restée catégorique, elle me donna la corbeille pleine de lettres cousues, de mots et verbes raccommodés de mon aiguille, je les remettais dans ma chambre à ma bibliothèque. Je commençais à arranger mes œuvres par ordre chronologique croissant et j'avais compris que ce qui est inutile aux yeux d'une mère, ne l'est pas chez son fils. Je classais tous mes brouillons d'un côté parce qu'ils constituaient aussi une bibliothèque authentique pour moi, puis je m'étalais sur mon lit, et je dormais. Dans mon sommeil, je m'étais retrouvé dans un milieu où il n'y avait pas de bibliothèque ; je commençais à me dire, comment je vais voir ma bibliothèque, comment je peux rentrer dans ma chambre et ramasser ne-fus-ce qu'une paperasse et lire ? Donc, le lit n'est qu'une route qui extirpe quelqu'un d'un monde vers un autre ? Comment n'ai-je pas le pouvoir de mettre la main sur l'une de mes œuvres ? En quelques semaines, on ira à la foire de la littérature, comment ferai-je moi qui suis extirpé de ma bibliothèque ? Ma pièce théâtrale « la paix pour mon pays » sera jouée, comment baragouinerai-je même son titre ? Et je commençais à exprimer un certain nombre de choses. Quel cauchemar ! Je commençais à faire un petit tour dans le quartier et j'ai vu dans une boutique toutes mes œuvres, je les ai prises et mon cœur était apaisé ; directement, j'ai parcouru l'œuvre intitulée « la

flèche dans le carquois du chasseur », arrivé à la phrase du baobab des chimpanzés, un vent violent s'est dirigé vers moi et emporta toutes mes œuvres en l'air. Je cherchais l'épervier pour me prêter ses ailles afin de suivre mes papiers dans les airs, mais je ne le trouvais pas. Quel cauchemar ! Puis mes papiers sont tombés à mes yeux déjà disséqués. Je commençais à les ramasser pour les avaler peut être que ces écrits reviendraient à ma mémoire et les écrirais encore, puis une grande pluie torrentielle plus que celle de Noé tomba, elle faisait tomber une goutte d'eau au volume d'un fût, et emporta toutes les paperasses ramassées, avec tendance de me submerger. J'étais complètement mouillé de cette catastrophe, croyant que mon lit en était aussi, or qu'il était sec comme le sable du désert. Quel cauchemar ! Ma mère voulait jeter mes œuvres, petit-à-petit Dieu l'a interrompue et ce vent en connivence avec la pluie anéantissent ma contribution dans le monde ! Quel cauchemar de perdre tout ce que j'avais écrit ! Je suis désolé d'avoir enfanté les pensées, les poèmes, les théâtres et les citations qui sont morts inopinément. Je ne me bats pas pour moi, mais pour un seul but ; mes écrits n'ont pas de place dans notre village. J'espère qu'ils en auraient trouvé une dans le cœur de mes lecteurs et de mes amis où qu'ils se trouveraient.
Après avoir enterré mes enfants, je suis allé à l'église pour la prière. Le prédicateur du jour partageait un sujet intitulé « le Dieu d'Eli juge par le feu ». Il s'était beaucoup étalé sur son enseignement et c'était alors un important message. Quand il donnait les versets pour la lecture, personne ne se tenait pour lire, sauf moi qui n'avais pas aussi la Bible. Alors, je commençais à faire de navettes pour prendre la Bible du prédicateur et faire la lecture, et mes navettes m'ont rendues vedette. Je commençais à m'inquiéter du fait que personne ne savait la valeur du papier et de l'encre. Et je me suis dit : ô mon Dieu, comment puis-je épiloguer mes œuvres littéraires à ce peuple qui ne sait pas oindre le papier par la plume ? Le livre c'est la plus grande richesse au monde ! Pour eux, s'il fallait les cacher quelque chose, c'est la mettre dans le livre. Le prédicateur fini son message, puis introduisît la prière d'autorité et de destruction des œuvres diaboliques par le feu. Il cria d'une voix forte : « le Dieu d'Eli agit jusqu'à maintenant, allez prendre chacun de vous un papier sur quoi vous écrirez vos difficultés, et on les brûlera sur l'autel ». Toute l'église se déploya dans le quartier comme des tisserins qui fuient l'épervier sur le palmier, et j'étais resté seul dans l'église avec le prédicateur. Tous les fidèles sont allés dans un autre village et ont trouvé une bibliothèque dont les bibliothécaires

dormaient ; l'un d'eux rappela ses confrères que ; la Bible dit : « depuis le temps de Jean baptiste, jusqu'à maintenant, le royaume de Dieu appartient aux violents, alors usons de notre violences en prenant ces livres et d'ailleurs, les anges de Dieu d'Eli ont déjà écrit pour nous les difficultés, n'y voyez-vous pas les écrits dans ces livres ? » Quand ils sont rentrés de là, à distance j'ai senti l'odeur de mes vers, j'ai vu la couleur de mes pensées, ils sont entrés à l'église et commençaient à déposer les papiers dans la corbeille. J'ai compris que les écrits vont même là où l'écrivain ne peut pas fouler ses pieds. Tous les écrits qu'ils avaient, n'étaient que mes œuvres, je ne savais pas comment les ravir mes écrits, craignant que je ne troublasse l'ordre ecclésiastique. Ils ont brûlé tous mes écrits à ma présence, or mes œuvres n'étaient le nom de personne ni la difficulté de personne pour mérite une condamnation de disciples de baal, et j'ai pleuré en disant : si vous saviez ce que ces écrits coûteraient, vous n'alliez pas les brûler, vous incendierez plutôt ma personne, parce que ces œuvres parleront pendant plusieurs siècles même quand je serai à mon repos éternel. Quel cauchemar de me retrouver dans un monde qui supprime mes phrases ! Directement je me réveillais, et comprenais que c'était un mauvais songe. Je continuais à arranger ma mini bibliothèque et je pris ma pièce théâtrale pour aller la jouer à la foire littéraire.

Les vers coulent dans mes veines

La faculté de lettres n'était pas loin de notre école, on la visitait deux à trois fois par semaine avec mes camarades, mais moi je le faisais à tout moment que le sang me poussait de la visiter. Je faisais les sciences commerciales et financières avec mes camarades, et de l'autre côté, la littérature m'attirait. J'étais devenu marié aux écrivains littéraires qu'économiques et tout cela n'arrangeait pas mes camarades, qui croyaient que je perdrai ma vision de comptable. J'avais vécu longtemps avec cette mode de vie qui ne plaisait pas mes amis.

Dans la ville, chaque weekend on organisait des promotions culturelles, on faisait jouer du théâtre, du cinéma… et j'étais toujours au rendez-vous. Un jour j'étais rentré à la maison et commençais à expliquer aux gens, le roman de René Maran intitulé *Batouala* la bible noire, qui était le sujet du jour de la promotion culturelle ; tout le monde me suivait attentivement et se souvenait de son travail fourni à l'Ubangui Chari en République Centrafricaine. L'un de mes camarades se souvenait aussi d'Aimé Césaire et me compléta ; « les antillais avaient combattu beaucoup pour l'indépendance de l'Afrique.» Evangelina mon intime me questionna :

- Pourquoi t'intéresses-tu de la littérature, abandonnes-tu la comptabilité ? Dis-nous clairement, parce que c'est à tout le temps que tes doigts caressent les œuvres littéraires. Je lui répondais, la comptabilité est mon père et la littérature, ma mère.
- Renaud à son tour : veux-tu devenir Léopold Sédar Senghor, Emery Patrice Lumumba et Martin Luther King qui combattaient pour l'indépendance que nous avons déjà ?
- Devenir comme eux, je souhaite bien ; mais combattre plus qu'eux, j'en souhaite mieux ; car notre liberté n'est pas totale et si je n'utilise pas ma plume qui est mon arme pour chasser les colonisateurs que je vois encore, je ne saurais pas accomplir et justifier ma mission sur la terre.
- Renaud : cela ne va pas t'embrouiller ?
- L'enfant mélange les comportements de ses deux parents et ne s'embrouille pas, je n'en serai pas non plus.

À chaque fin de l'année, notre centre culturel des jeunes écrivains était visité par des grands écrivains littéraires de l'Europe, du Canada et d'ailleurs, ils donnaient de motivation aux poètes et aux autres écrivains littéraires ; alors cela était pour moi l'événement le plus marquant de ma vie. *« Quoi de plus agréable pour un écrivain que ce genre de manifestation ? Partout autour de nous, rien que des livres aux couvertures tentantes, des débats. Une plate-forme pour l'émancipation des idées les plus nobles de la société civilisée. C'était un rendez-vous idéal pour réunir lecteurs et écrivains*[8]. » Ils nous parlaient de la littérature de l'Europe aussi du Canada, quand nous suivions leur enseignement, ils distribuaient des livres aux participants et donnaient des adresses de leurs éditions pour promouvoir la culture de nos écrivains de la place. « *Quoi de plus agréable pour un écrivain que ce genre de manifestation*[9] *» ?* C'était pour moi une grande ambiance de vivre les écrits des autres ; mais ces écrits me poussaient, m'excitaient à prendre la plume et vivre ma plume. Je considérais cette date comme le jour de mon anniversaire, parce que je me voyais renaître dans un monde que mon esprit trouvait bien plaisir.

Après la rentrée de nos visiteurs chez eux, on commençait à partager leurs expériences professionnelles chaque weekend à la fin de nos activités culturelles. Toute activité culturelle, était mon rendez-vous d'honneur.

---

[8]Taslima Nasreen, *De ma prison*, Philippe Rey, France, 2008, p. 43.

[9]Ibidem,

Partout où je me trouvais, je ne manquais pas le papier et la plume dans ma poche, à chaque fois que je sentais une pensée plus forte siffler à mes oreilles, je ne tardais pas de prendre ma plume et mon papier. Alors, j'écrivais à tout moment et partout selon le besoin de ma tête. Ma façon de voir les choses avait complètement changé, car je ne parlais qu'au travers ma plume, je ne dénonçais qu'avec ma plume, je combattais avec ma plume, on me connaissait au travers ma plume et ma plume était devenue tout pour moi. Mes collègues ne savaient pas encore m'identifier, un jour ils m'amenèrent à la clinique hospitalière pour voir si ma tête fonctionnait normalement. Deux jours avant d'y aller, j'avais manqué des papiers pour écrire, et ce jour-là ; j'avais pensé écrire un livre intitulé *ce monde m'appartient* ; dépourvu des papiers, je me suis servi de la peau de mon corps pour écrire ce livre. Alors tout mon corps était couvert de lettres, depuis les orteils jusqu'aux cheveux, puis j'étais devenu le léopard littéraire. Le matin mes camarades étaient venus me prendre pour aller à la clinique, juste quand ils m'avaient vu m'approcher d'eux avec des écrits partout sur mon corps, ils avaient dit ; effectivement ce monsieur n'est pas normal. Ils me tenaient toutes les deux mains, les uns derrière moi, les autres devant et j'étais encerclé comme celui qui avait commis le crime contre l'humanité. Bien qu'encerclé, je ruminais mes vers, je mélangeais mes lettres dans ma cuve, pour donner quand même une pensée noble à mes lecteurs. Qui étaient ces lecteurs, si non ceux qui m'entouraient, qui me lisaient, me relisaient, me faisaient l'honneur de me traquer plusieurs fois ?
Arrivés à la clinique, ils me plaçaient devant le psychiatre et devant d'autres médecins qui avaient peur de me toucher, alors mon corps était devenu l'objet de beaucoup de photographies et scandalisait tout le monde. Le psychiatre m'interrogeait :

- pourquoi des écrits sur ton corps ?
- Et je répliquais : je porte tout un livre sur ma peau, si tu aurais eu le temps de le lire, tu comprendrais *que ce monde m'appartient.* J'étais à la maison et j'avais manqué des papiers, mais je n'ai pas manqué ma peau pour me servir comme papier, lequel aujourd'hui son aide vous étonne. Alors toute la clinique rigola.

Le psychiatre donna un rapport selon lequel j'étais normal et me transféra chez le radiologue. À la radiologie, on me faisait passer tous les examens possibles et impossibles et ma tête n'était malade nulle part. Par l'examen de prélèvement du sang, le laborantin était troublé parce qu'il avait trouvé les écrits circuler dans mes veines, alors il n'avait pas su comment traiter mon cas. Mes clichés d'examens avaient créé un évènement touristique, j'avais vu les gens de tous les coins et recoins du monde venir me contempler. Leur présence m'inspirait beaucoup de sujets à écrire et je réfléchissais comment créer des lieux touristiques littéraires ? Comment faire de jardins littéraires où les gens pourraient venir de tous les quatre coins du monde contempler des légumes en pensée, de palmiers en prose, de fruits en poème, de paysages en roman et en théâtre... ? Aujourd'hui, je deviens un objet touristique littéraire dont tout le monde a soif de boire les phrases qui sont collées sur ma peau ; s'il y aurait des jardins littéraires, le monde quitterait sa chaise d'analphabétisme culturel ! Comment pouvons-nous créer un quartier littéraire, pouvant abriter le sommet de la francophonie, où les gens seront réunis dans une communauté dont le français est leur tribut, et la littérature leur coutume, la rédaction de pensée leur pouvoir ? Bien qu'étant en bonne santé, les médecins m'internaient pour étudier mon corps. J'étais devenu un lieu de recherche de beaucoup de grands médecins du monde. Et avec mon ordinateur, dans ma chambre où j'étais cloîtré, j'écrivais mes poèmes et les faisais lire aux infirmiers et médecins qui me fréquentaient, je faisais tomber d'autres écrits à la fenêtre, où les milliards de journalistes attendaient me lire comme des oiselets qui voyaient leurs parents venir avec la nourriture. Les journalistes me publiaient presque chaque semaine, car j'attirais les intellectuels vers la liberté de pensée, aussi vers la promotion de la littérature.

Vu l'engouement des journalistes chaque jour à la clinique, le médecin directeur ordonna à mes camarades de me prendre ; tout en disant que votre camarade doit sortir aujourd'hui, de peur que les journalistes ne cassent les vitres de la fenêtre de la chambre où il est interné ; alors, nous constatons que les poèmes coulent dans ses veines et c'est ça son pouvoir et non une maladie ni un esprit impur.

Le jour de ma sortie de la clinique, le centre culturel de jeunes écrivains était venu m'accueillir et j'avais vu dehors un monde que mes yeux trouvaient plaisir de voir. J'avais appelé trois animateurs du centre culturel de jeunes écrivains, pour m'aider à transporter mes trois valises d'écrits que j'écrivais là où j'étais interné, arrivés à la porte, doutant de mes valises, le médecin directeur donna l'ordre aux gardiens de m'empêcher de sortir. Ils fouillaient mes valises, ils ne trouvèrent même pas une ampicilline ; mais mes valises, pleines d'écrits. Les médecins étaient étonnés de voir tous ces écrits que je n'avais pas à l'entrée de la clinique, oubliant que je

ruminais mes vers, je mélangeais mes lettres dans ma cuve quand on m'amenait à la clinique.
Nous étions sortis de la clinique au pas de danse, on me plaça devant douze animateurs du centre culturel des jeunes écrivains, j'étais leur conducteur, ils étaient mes disciples. Devant et derrière nous, une foule immense de journalistes nous accompagnait avec des banderoles par terre, sur les arbres, sur les murs et des autocollants portant les noms de grands écrivains et philosophes du 16ème, 17ème, 18ème, 19ème, 20ème, et 21ème siècle, aussi des citations, les noms des écoles et courants littéraires étaient brandis et ça avait créé un bon atmosphère littéraire. Quoi de plus agréable pour un écrivain, que lire les citations, et les noms de ces hommes monuments littéraires ! Nous avions été très contents de lire les noms de Blaise Pascal, Docteur WEB du Bois, Léon Matangila Musadila, Shakespeare, Léopold Sédar Senghor, Paul Lomami Tchibamba, Pierre de Ronsard, Simone Henry-Valmore, René Descartes, Guillaume Oyono Mbia, Mwayila Tchiyembe, Valentin Yves Mudimbe, Sony Laboutansi, Mariama Bâ, Simone de Beauvoir, Tchikaya U'tamsi, Taslima Nasreen, Guy Gilbert, Albert Camus, Joyce Carol Oates, Benoît Awazi Kungua Mbambi, Alain Moloto, Valentin D'Urbano, Michiel Heyns, Anosh Irani, Noelle Hancock, Anita Rau Badami, Roger Toumson, Guy Menga, Helen Garner, Joyce Maynard, Henri Papa Mulaja et Cheikh Hamidou Kane. Nous avions aussi vu le nom du classicisme, nouveau roman, l'humanisme, la négritude, la pléiade,...
Nous étions tous hypnotisés de joie de nous retrouver sur une route décorée en littérature, qui nous menait au centre culturel, où j'avais tenu une conférence de presse sur les convictions d'un écrivain libéré de son aliénation. Cet événement était à la une dans toutes les presses écrites, tout le monde venait me voir, et j'avais rendu notre centre culturel de jeunes écrivains, le premier jardin touristique littéraire dans le monde. Mes travaux m'avaient rendu fleuve, au point que mes camarades ne pouvaient pas arrêter mon inondation, ils étaient tous convaincus que par mes strophes, je pouvais apparaître dans le monde.

Couture des pensées

Pendant les vacances, je me rendais souvent à Mobanga, Mobanga est le nom de notre village et mon grand-père y vivait là et il avait ses concessions dans ce village, pour moi c'était un grand plaisir de circuler avec lui dans la forêt. Je contemplais le défiler des oiseaux, je parlais avec eux quand leurs cris me dérangeaient, et mon grand-père m'avait fabriqué un lance-pierre, avec lequel je les tirais. Mon lance-pierre était devenu ma ration quotidienne et, la forêt mon marché. Un jour la nuit, une grande pluie avait abattu, je m'étais dit : je vais aller très tôt le matin attraper les oiseaux mouillés, et à ma grande surprise, tous les oiseaux étaient secs et c'est à distance que j'entendais le discours de colibris. J'ai demandé à mon grand-père ; ces oiseaux se sont cachés où pendant la pluie ? Et directement il me montra tout un camp de tisserins, alors c'était ma première fois de voir toute une légion d'oiseaux. Je commençais à compter les oiseaux jusqu'à ce que ma calculatrice connût la ménopause. Alors, je voyais beaucoup d'oiseaux transporter des feuilles de rameau et la déposer sur un arbre de notre concession, ces oiseaux se servaient de ces feuilles de rameau pour la construction de leurs nids. Mon grand-père me disait, vois-tu ces oiseaux ? Volailles qu'ils sont, peuple sans intelligence ni conducteur, mais ils savent au moins coudre leurs nids, leurs résidences !

Je passais toute cette journée en train de les observer ; leurs mouvements et coutures m'enseignaient beaucoup de choses que je ne savais pas. Et lorsqu'il fit seize heures, on emballait nos bagages, puis on regagnait le village, demain matin, mon grand-père m'amena à son ami qui tissait les raphias et à la fin ce dernier les raccommodait, ça m'avait encore beaucoup plus impressionné et j'avais beaucoup aimé toutes ces deux manières de faire les choses. Alors, je commençais à me poser mille et une question pour apprendre l'expérience des oiseaux et celle de l'ami de mon grand-père et, je me disais ; c'est toute une faculté ! Comment abandonnerai-je ma faculté des lettres pour faire le tissage et la couture ? Est-ce serait possible ? J'étais entré dans ma chambre, je commençais à lire mon poème que le journaliste Rigobert Yuma Ndwani Walumba aimait souvent : *Je suis une bombe*, j'étais arrivé à la phrase du vieux Albert, mon téléphone sonna ; c'était un grand ami qui avait reçu une bourse de cinq ans d'études à Montréal qui m'appela. Cet ami me disait juste au-revoir parce que je n'étais pas présent pour l'accompagner à l'aéroport, il était mon intime ami, bien que je pleurais du couteau qui détachait la peau de la chaire, je lui disais quand même bye-bye. Une heure après, je me couchais sur ma natte et je dormais, dans le songe je m'étais vus sur une route en pleine forêt d'alphabets, et les arbres qui étaient dans cette forêt, faisaient tomber des alphabets au lieu des feuilles.

Je rêvais ce phénomène, car ces arbres n'avaient pas de feuilles, mais des alphabets. Puis une pensée m'est venu en tête, et me disait : *ramasse*, et j'obéissais à cette voix douce, puis j'étais rentré à la maison avec un sac de 150 kilogrammes d'alphabets. Me remémorant des oiseaux, je me disais, est-ce que ne puis-je pas aussi tisser ces alphabets ? J'avais mis la main dans le sac et ramassais les alphabets de A jusqu'à Z, j'ai pris le *singer*[10] de mon grand-père, avec quoi je commençais à coudre les alphabets. Je m'étais rendu compte que, dans cette forêt les alphabets n'étaient pas ordonnés, alors ; je m'étais donné une discipline de ramasser chaque jour les alphabets comme faisaient les oiseaux. Je ne faisais que raccommoder les alphabets, les coudre pour les mettre quand même en une phrase soit à la forme affirmative, soit à la forme négative, soit à la forme interrogative...Ma machine à coudre était le papier, l'aiguille de ma machine était la plume, le fil de ma machine était l'encre, et mes pensées étaient l'étoffe. Il y avait plein de choses dans cette forêt qu'il me fallait arranger. Je mélangeais les alphabets et créais des phrases que moi-même de fois ne savais pas, et tout celui qui me voyait, m'appelait *tailleur des phrases*. Un jour je voulais vendre les phrases que j'avais cousues, alors, tous mes clients commençaient à se disputer sur une phrase qui parlait : *nous ne créons rien, mais la nature nous donne tout en désordre, c'est à nous maintenant de l'arranger et de l'adapter à notre culture.* Je m'étais fâché contre eux parce que leurs bavardages voulaient rompre l'aiguille avec quoi je raccommodais, puis je les ravissais cette phrase et la cacha dans ma poche. Alors, je criais fort : *quelle richesse d'être tailleur de pensées qui sont recherchées partout dans le monde ? Quel honneur ai-je de me retrouver dans cette forêt qui m'oblige de tisser les raphias en pensée et coudre les vêtements en alphabets ? Je suis vénéré de marcher sur le tapis d'alphabets, une route couverte et ornée d'alphabets. Ce monde est un drap déchiré, que nous devons raccommoder avec nos meilleures pensées.* Les alphabets sont en désordre dans le monde, mais nous avons la liberté de les placer n'importe où et n'importe comment, pourvu que ça exprime quelque chose de meilleur. Mon grand-père venait me réveiller, subitement j'ai vu les images disparaitre comme à l'écran téléviseur qu'on a débranché au courant, puis je me réveillais en disant : de

[10] Machine à coudre

quel songe meilleur dans lequel je viens ! Certainement, je viens d'un monde cousu en alphabet. Ce qui m'avait beaucoup plus étonné, c'est le fait de voir dans ma poche la phrase que j'avais caché pendant le songe, et j'avais dit à mon grand-père : *j'étais dans une forêt dont les arbres de cette forêt portaient les alphabets à la place des herbes et des fruits , alors je ramassais tous ces alphabets avec quoi je cousais les pensées, les verbes, et voici l'une des pensées qui était la plus célèbre de toutes les autres…* Mon grand-père la lisait, la relisait et me disait, ce songe était juste une manière de te dire, que les écrits ont un pouvoir, car ils sont fils ainés de la pensée, or tout ce que nous vivons est le résultat de nos pensées. Il a pris cette phrase et la suspendît dans la cabane de nos ancêtres où tout notre village et autres environnants passaient à tour de rôle, lire cette pensée cousue par ma plume.

C'était ça mon paradis

J'aimais beaucoup l'église de mon père qui devenait aussi la mienne, parce qu'elle me parlait du paradis, la terre que je rêvais fouler mes pieds un jour. J'étais assidu au temple, mais j'avais un problème interminable avec le berger du temple qui ne voulait pas suivre ma vision. J'allais à l'église tous les jours muni de ma Bible et je la parcourais quotidiennement. Le livre des proverbes, psaumes et apocalypse m'intéressaient plus. J'aimais les psaumes parce qu'ils me parlaient des poèmes, les proverbes me prodiguaient des conseils et l'apocalypse combinaient tous les deux à la fois et m'amenaient au paradis. Alors, c'était ça mon paradis de lire des poèmes. Le théâtre passera, mais le poème restera toujours ; la pensée que mon berger ne voulait pas enseigner soutenant l'option de miracles associés aux offrandes. Pendant une forte prière, j'avais vu un ange venir me prendre et m'amener dans une ville où tout se faisait en poème, alors j'avais demandé à l'excellence monsieur l'ange de me donner un appartement où je pouvais vivre avec ma famille, car j'étais devant mon paradis recherché. Excellence monsieur l'ange m'amena sur un couloir où ne pouvait fouler les pieds que celui qui a son poème à la main, et heureusement je tenais mon poème que j'avais intitulé, *l'abondance de mon cœur*. Ce couloir était bien embelli en poésie, et quand j'avais commencé à lire mon saint poème, j'ai vu les écrits sur les arbres, car le couloir nous introduisait vers le jardin poétique. Je me sentais toujours à l'aise, car mon poème était ma clef. À ma grande surprise, j'avais vu des chérubins vêtus en habits resplendissants, jetant les gerbes de poème devant le trône du félicité et cet endroit avait la couleur de strophes qui riment. L'abondance de mon cœur était restée l'hymne paradisier et m'avait fait vivre mon paradis. J'avais vu des gerbes de poème devant le trône du félicité et le jardin de floraison était rempli des fleurs poétiques. Puis l'excellence monsieur l'ange me dit, as-tu ce que le félicité aime mieux ? De poèmes parfumés en fleur, des fleurs qui riment, qui lui sont une offrande de bonne odeur, et l'ange me quitta. Alors j'étais resté avec l'image du couloir et c'est à chaque instant que je me remémorais des écrits qui étaient sur les arbres du couloir et je les écrivais. J'avais réalisé plusieurs œuvres grâce à l'inspiration de ce couloir et tous mes écrits, je les mettais dans le corridor où je racontais aux gens l'histoire des gerbes de poèmes ; alors c'était ça mon paradis.

Je n'ai pas eu le temps de dessiner la cuisse

La cuisine des amoureux était le club que je ne fréquentais pas, ce mouvement emportait beaucoup des jeunes gens de ma génération et même les plus âgés de notre génération en étaient agités. Ce club n'était pas loin de chez nous, mais je ne connaissais même pas la couleur de ses murs ; car c'était pour moi une plus mauvaise distraction dont son odeur me donnait la nausée. Ils organisaient chaque jour des rencontres nocturnes, les bruits de leurs chants pleuvinaient sur mes oreilles de telle manière que je découvrais les voix de tous ceux qui montaient au podium pour animer, bien que j'ignorais la couleur de leurs murs. Alors, j'avais comme l'impression que tout le monde, à l'exception de moi, répondait à l'invitation du club. Les jeunes filles se rendaient tous les jours à ce club qui était devenu leur site de tourisme, de très belles filles et jolies filles passaient en série et en vague devant notre maison, elles étaient toutes comme des enfants qui venaient de naître à la maternité une minute après. Cette aventure était le quotidien qui paraissait dans les journaux. Un jour, je parcourais les livres avec mon oncle, c'était à dix-huit heures quarante-cinq minutes, un œil sur les écrits, un autre sur la route. Subitement, nous avions vu de créatures si belles que nous n'avions jamais vues ; mon oncle qui ne savait que l'anglais criait : *how beautiful they are,* il laissa son livre, sa plume et les suivît. J'étais resté en train de dessiner mes pensées. Et demain matin, je l'avais vu rentrer à la maison, avec des images dans son appareil photographique. Il commença à m'inviter à la cuisine des

amoureux et je lui résistais toujours. Beaucoup d'amis et frères s'étaient abonnés à ce club, eux qui aimaient le singleton, ils s'étaient retrouvés déjà couplés. Quelques ans après, les rues étaient inondés d'enfants sans responsable. J'étais à la maison un jour en train de lire un hebdomadaire qui épinglait la situation des enfants abandonnés, je voyais mon oncle venir au balcon où je me trouvais et je commençais à lui réprimander ; « comprenez-vous maintenant pourquoi je ne trouvais pas le temps de dessiner la cuisse ? Vous avez usé toute votre plume pour dessiner la cuisse et pourtant le monde recherche les dessins littéraires qui peuvent mettre les gens en unité culturelle. Ma plume est pour dessiner mes réflexions, embellir mes pensées, tracer mes idées et non pas pour dessiner la cuisse. Vous avez usé toute votre encre en train d'oindre la cuisse, et si je m'étais mêlé dans votre onction, jamais le monde ne pouvait avoir une histoire écrite ! Je n'ai pas eu le temps seulement de dessiner la cuisse ; mais les pensées. » L'oncle me félicita et se réintégra encore dans la philosophie de la plume, puis il regagna sa chambre. Eh bien je me disais que, je ne saurais pas mélanger la cuisse à la plume, car la pesanteur de la cuisse pèse aux yeux, mais pas au nez, pèse au front, mais pas à la nuque. La partie majeur de mon temps, je l'ai consacrée à la plume, et la plume révélait sur moi les vers qui rimaient, ces vers me déconcentraient de toute trivialité.
Je m'étais retrouvé dans une congrégation des scribes, et dans ma solitude, j'étais visité par les pensées, mes amis les plus chers étaient le papier et la plume, ce couple ne me laissait jamais. Bien que j'étais solitaire, monsieur le papier et madame la plume venaient toujours me consoler, car c'est dans la solitude que l'on trace sa destinée. Avec leur présence chez moi, je me trouvais de manière célèbre connu dans le monde. Les gens qui me voyaient toujours être à coté de ce couple merveilleux, interprétaient ma croyance de plusieurs manières. Pour eux, il était admirable que je m'abonne à la cuisine des amoureux, or moi, voulais toujours oindre le papier de façon à parvenir inonder mes écrits, en construisant avec son volume un merveilleux podium sur lequel les gens exposeraient leurs problèmes, mettraient en scène leur histoire pour la compréhension de beaucoup. Ceci leur permettrait de sortir de l'histoire traditionnelle qui a été toujours les fruits de la plume des autres.
J'étais responsable de toutes les lignes que je traçais et dessinais sur le papier, car tout celui qui lisait mes pensées, savait de quel auteur il s'agissait, mais les enfants de la rue étaient sans responsables. Aucune de mes pensées n'étaient déclarée abandonnée, mais ceux qui ont décoré la

cuisse, ont inondé la rue de leur semence non éduquée. Je n'ai pas eu l'onction de peindre la cuisse, mais l'ardoise, je ne me suis pas donné totalement à faire le crépissage de la poitrine, mais de mes pensées, de mes nobles convictions et de mes croyances.

Le livre est ma prédilection

J'aime la tête qui porte un livre,
La mémoire qui aime la plume est libre,
Je déteste la pensée d'une personne ivre,
Dont son verre ne lui laisse pas vivre,

Celui qui réfléchit bien offre au monde un document,
Même s'il partirait sa philosophie resterait un monument,
Celui qui nage dans le verre d'alcool est comme le piment,
Quand il arrive tout son environnement est dans les tourments,

J'aime celui qui trace les vers,
Mais pas celui dont ses lèvres à tout moment touchent le verre,
Car l'excès de l'alcool enterre,
Mais celui de la réflexion poétique libère,

L'univers attend de nous une documentation,
La révélation qui va réveiller la mémoire pâle de cette génération,
Lequel le verre est la pensée de leur avis de parution,
Et l'ivresse leur locomotive de colonisation,

Comment peut-on connaître votre savoir,
Vous qui écarquillez les yeux dans le boire,
Le monde recherche celui qui peut lui bricoler même un couloir,
Où il va devoir croire et pouvoir étaler votre savoir,

Privez-moi de tout…

Prenez tout ce que vous voulez,
Apportez-le n'importe où,
A l'exception de mes lignes que j'ai tracées,

Incendiez tout ce que vous voyez,
Sauf les maisons d'Éditions,
Moins encore les librairies,

Privez-moi de tout,
Sauf de mon Dieu,
Et de ma plume,

Effacez tout dans le monde,
Mais pas mes lignes ornées,
Ni encore mes ouvrages,

Ravissez tout ce qui vous plait,
Même toutes les pierres précieuses,
Mais pas mes écrits,

Privez-moi de tout,
Sauf de mes convictions,
Aussi de ma liberté de pensée,

Détruisez tout ce que vous n'aimez pas,
Sauf le Hall du livre,
Et la bibliothèque,

Négligez tout vent qui vous frappe à l'oreille,
Sauf les échos de vos pensées,
Et l'appel de Dieu,

Privez-moi de la femme,
Mais pas de la littérature,
Moins encore de l'écriture,

Privez-moi de toutes les armes,
Mais pas de mon stylo,
Qui combat toujours pour la culture et pour la paix,

Démolissez tout,
Sauf nos écoles,
Et nos courants littéraires,

Le jour de mon anniversaire

C'était une grande joie de voir beaucoup de gens venir à ma circonstance, j'observais et j'aimais tout ce que mon œil ramassait. Deux semaines avant cette date, ma mère me racontait mon enfance, elle me parlait de moments les plus difficiles qu'elle traversait avec moi, seule, abandonnée, les périodes les plus insupportables qui voulaient ronger à ma vie ; alors, c'était pour moi l'histoire que j'aimais tellement entendre. Elle m'expliquait de l'année passée jusqu'au jour que j'étais né, alors elle me parlait avec de précision de date comme une historienne. En elle se trouvait certainement la source de mon histoire. Quand les gens venaient fêter avec moi, elle les accueillait avec une grande joie aux yeux mouillés de larmes, alors les invités se demandaient pourquoi elle pleurait, et elle leur répondait que : *je me souviens de Kasongo où j'avais mis au monde mon fils à cette date, alors, à la maternité j'avais failli mourir avec des douleurs très atroces, et j'étais obligée de verser mon sang pour sauver d'abord la vie de mon bébé et de moi-même après.* Tous les invités avaient compris que c'était exactement la date de mon anniversaire et ma mère était le disque dur qui sauvegardait toutes les images de mon parcours. Loués soient son courage et sa bravoure.

J'ai vu les gens venir à mon festin avec beaucoup de cadeaux, des gerbes de fleur et les déposèrent devant moi. J'aimais toutes les fleurs qui m'étaient dédiées, toute la salle qui nous avaient accueilli était pleine des fleurs au point qu'on commençait à marcher sur elles. Alors, j'avais dit à la salle de prendre toutes les fleurs et aller en les étalant sur la route de la salle où nous fêtions mon anniversaire jusqu'à la maternité où j'étais né, or la maternité était à trois cents quarante-cinq kilomètres de la salle où nous étions. Nous avions fait une semaine et demie de ce travail, nous avons trouvé la femme sage qui avait fait accoucher ma mère, contente de cet événement, elle a aussi brossé un peu sur le calvaire qu'avait connu ma maman ce jour-là. Nous lui avons offert un lot important de gerbe de fleurs en guise de reconnaissance. Nous avons quitté la maternité à la cadence et au rythme de chant «*joyeuse anniversaire* », des jeux d'artifices étaient allumés, des fanfares retentissaient à cette occasion. Nous étions rentrés sur une route que les fleurs cimentaient le sol, arrivés à la salle, nous avons trouvé la salle bien embellie, décorée du dedans et du dehors, la salle brillait de manière qu'on ne voulait pas la quitter et nous l'avions baptisée, *la cité de floraison.*

L'animateur de la cérémonie avait invité des jeunes filles et garçons de passer devant et d'exhiber des danses en attendant que l'homme du jour vienne. Toutes les chansons qui se faisaient jouer, imbibaient ma honte de me présenter seul sur le podium devant tout un verre du sable d'invités. Mon conseiller d'habillement m'arrangeait dans la chambre et m'avait fait endimancher d'une veste en fleur radieuse. Il me faisait signe de quitter la chambre après que j'ai siroté mon thé, en ouvrant la porte, j'ai vu ma mère toute folle de joie, elle dirigeait l'équipe des belles et jeunes filles au corridor qui liait la porte de la chambre où j'étais à celle de la grande salle. Ces filles étaient deux à deux en face au corridor, elles avaient étalé un tapis de fleur sur lequel elles m'obligeaient de fouler mes pieds, chacune d'elles jetais une gerbe de fleur devant moi et en cascade le temps que j'avançais mes pas. Ma mère faisait entonner une chanson douce, laquelle ses jolies filles l'accompagnaient, cette chanson faisait renaître les liens entre moi et ma maman, et pendant que j'avançais au rythme de la belle mélodie, mes yeux étaient collés à ma maman et à ses compagnons. Ces jeunes m'accompagnaient jusque dans la grande salle, où elles m'encerclaient, puis elles m'accompagnaient au podium où elles dansaient avec moi. Là même, on me présenta des bougies, ces filles se tenaient la main dans la main, déclamant un poème qui disait : « *éteins ces bougies, joyeux anniversaire, spéciales bougies, spéciale anniversaire, c'est le spécial poème pour toi* ». Quand j'avais fini à éteindre ces bougies, toute la salle avait poussé des cris d'allégresse à mon honneur et la piste de danse était ouverte à tout le monde.

Le moment de partager le repas sonnait, car le parfum de la cuisine de ma mère nous dérangeait au point que tout le monde élevait ses narines comme un bouc engagé. Les protocoles commençaient à faire défiler les assiettes sur les tables, et nous avions pour la première fois, mangé la sauce la plus délicieuse de toutes les cuisines du monde que nous n'avions jamais goûté.

Elle n'avait pas préparé ce que les anges consomment ; mais si l'occasion de connaître leur alimentation se présenterait, elle pourrait très bien le faire.

La francophonie

Quelle est cette langue ?
Qui nous réunit à une forte puissance,
Quel est ce monde,
Qui peut exister sans une langue,
Quelle est cette langue,
Qui n'a pas de puissance dans son monde ?
Quelle est cette famille,
Qui n'a pas le souci d'un de ses membres ?

Ô la francophonie,
Socle des pays français,
Pouvoir de la culture française,
Espoir des pays qui manient le français,
Où est maintenant ta cohésion,
Où est alors ton humanisme,
Comment sont les ficelles qui te constituent ?

Ô la francophonie,
Quel avenir que tu donnes aux libyens ?
Quelle solution que tu préconises pour l'Afrique ?
Quel discours que tu prépares pour les Ethiopiens au sommet de 2014 ?
Quelle stratégie fais-tu pour protéger les minerais de la RDC pillés,
Pourquoi des menaces de balkanisation en Afrique,
Pourquoi le nègre n'est pas au centre du monde de la francophonie ?
Pourquoi des problèmes et conflits irrésolus dans ton monde ?

Ô la francophonie,
L'espoir de ceux qui utilisent le français,
La Libye, le Cameroun, la RD Congo, le Ghana, le Sénégal, l'Ethiopie,
Sont les ficelles de ton assemblage,
Quelle balaie qui existe sans ficelles ?
Quel monde qui existe sans les hommes ?
L'union fait la force dit le français,
Pourquoi la RDC est-elle menacée ?

Pourquoi l'Afrique a la tenaille à la gorge ?
Est-ce que les Africains n'ont pas droit à la liberté ?
Est-ce qu'ils ne peuvent pas jouir de l'héritage de leur sol ?
Est-il un crime s'ils se géraient librement dans l'OUA ?

Ô francophonie,
Quel est ton apport dans les pays qui aiment le français ?
…

Sortir de l'histoire traditionnelle

Ils ont longtemps parlé pour nous,
Sans nous,
Ils nous ont défendu dans tous les sommets,
Sans nous libérer,
Ils ont beaucoup écrit pour nous,
Contre nous,
Hier, c'était la chicotte,
Maintenant, la kalachnikov,
Et une prison dans un pays qui n'est pas le nôtre,
N'y a-t-il pas chez nous un endroit pour nous cloîtrer ?
Pourquoi nous transférez-vous loin de nos frères,
Loin de notre couleur,
Si c'est pour nous éduquer,
Pourquoi le faites-vous sans l'accord de nous ?
Pourquoi nous, ne vous punissons pas également ?
Est-ce vous seulement qui le pouvez ?
Etes-vous sûrs que vous nous aimez plus que nos frères du sang ?
Est-ce que ne pouvons-nous pas parler pour nous-mêmes ?
Ne pouvons-nous pas écrire pour nous-mêmes ?
N'avons-nous pas les compétences de nous punir seuls ?
Si nous le pouvons, pourquoi ne voulez-vous pas qu'on le fasse ?

Ils nous ont apporté la bible,
Ils nous ont pris le diamant,
Comment pouvez-vous parler pour nous sans nous ?
Ne connaissons-nous donc rien ?
Ne pouvons-nous pas tracer seuls notre propre histoire ?

Pensons écrire pour nous-mêmes !
Réfléchissons comment nous défendre nous-mêmes,
Sans associer ceux qui pillent notre sol,
Nous sortirions de l'histoire traditionnelle,
Qui a été toujours écrite par les blancs,

Pense à moi…

Quel projet avez-vous sur moi ?
Pourquoi m'exploitez-vous illicitement ?
En vulnérabilisant ma population,
Et toi qui m'écoute,
Quand des pareilles t'arrivent,
Pense à moi !

Je suis enviée par tout le monde,
C'est tout habitant du monde qui connait la valeur de mes pierres,
Si je veux les exploiter seule, on m'apporte les armes,
Beaucoup de mes enfants sont extirpés de moi,
Ceux qui m'appuient certainement, sont contraints de me quitter,
Quand de telles souffrances t'arrivent,
Pense à moi,
Tu n'es pas seul à consommer de pareils !

Cloîtré dans une bouteille noire,
Qui barricade ma vision,
Pour ne pas contrôler mon sol,
Je deviens l'échantillon de la misère,
L'échantillon de milices et rébellions,
La preuve de l'existence de la guerre sur la terre,
La concrétisation de toutes les violences,
Si tu consommes une telle coupe amère !
Pense à moi !

Je souffre innocemment pour mon héritage,
Je suis incarcérée pour de causes sans cause,
Combattue de bas en haut,
Pour les minerais que je garde dans mon ventre,

Ai-je corrompu pour les avoir ?
Ai-je fait une demande pour en posséder ?
Je ne pense pas !
Pourquoi alors de troubles sur mon étendue ?
Pourquoi des maintiens de paix,
Qui ne se maintiennent pas ?
Toi qui me lis,
Si tu es dans un cas pareil,
Pense à moi,

Ce que nous voulons du Maniema

Nous voulons du Maniema une province prospère,
Et non une promesse qui demeure,
Ne pas aussi compter beaucoup de ministères,
Mais conduire la population hors de sa misère,

C'est ce que nous attendons voir du Maniema,
Mais, non pas seulement attendre des remaniements,
Qui reconduisent les omni-gouvernements,
Et qui n'allègent pas nos tourments,

Nous voulons voir notre avenir renaitre,
C'était d'ailleurs ça votre promesse sur notre être,
Quand est-ce que va-t-elle paraitre ?
En nous que vous avez fait verbalement connaître !

Nous voulons voir notre entité développée,
Mais pas enveloppée,
Par de mauvaises initiatives qui l'ont drapée,
D'une couverture qui l'a enclavée,

Nous en avons assez,
Nous ne sommes pas toujours condamnés à un passé,
Qui nous rend toujours dépassés,
Pour un avenir tronqué et cassé,

Quel est l'avenir que vous préparez pour cette génération ?

Qu'est-ce qu'on peut espérer de ces élections qui se pointent à l'horizon ?
Marcherez-vous encore sur cette population ?
Ou bien vous occuperez-vous cette fois-ci de cette nation ?

Le vrai leader a d'abord dans sa tête son peuple,
Mais le faux dans ses pensées, ses immeubles,
Le leadership c'est d'abord relever le niveau de son peuple,
Et non pas d'élever d'abord ses immeubles,

Le Maniema ne sera pas construite par de discours,
Mais il se veut construire par l'amour,
De ceux qui aspirent changer son parcours,
Et décharger sa population qui pleure tous les jours,

Organisez-vous pour nous retracer une nouvelle histoire,
Celle qui nous construirait même un petit couloir,
Sur quoi nous reposerions notre espoir,
Qui nous rappellerait de votre pouvoir,

Aimer le Maniema c'est lui donner,
Mais pas l'abandonner,
Lui préparer une meilleure randonnée,
Mais non pas lui condamner,

Quelle est votre vision pour nous ?
Longtemps vous êtes passés au pouvoir par nous,
Longtemps vous y régnez seuls sans nous,
Et très longtemps la misère siège sur nous !

Le leader est celui qui trace pour son peuple un meilleur avenir,
Il est celui qui porte la vision de qui son peuple va devenir,
Il est celui qui vient pour compatir,
Et fait tout pour rester un bon souvenir,

Nous sommes fatigués par vos mélodies,
Qui ne sont pas différentes de la comédie,
Plusieurs fois nous sommes rassasiés par vos " nous avons dit "
Qui ne font qu'aggraver nos maladies,

Nous voudrions alors vous parler en ce langage,
Pour vous rendre un peu sage,
Que le peuple n'est pas un échafaudage,
Sur qui vous pouvez piétiner et étouffer ses courages,

Femme du Maniema

Je n'ai pas de voix,
Personne n'a sur moi le choix,
Or je suis obligée de postuler à toutes les fois,
Mais les hommes mettent sur ma personne la croix,

Pourquoi vivre une telle oppression ?
Pourquoi m'imposez-vous cette discrimination ?
Ai-je commis quelle violation ?
Pour que vous me donniez une telle punition ?

Moi qui vous ai fait voir le monde !
Je deviens aujourd'hui l'élément que vous jetez dans la tombe !
Et vous ne vous rendez même pas compte,
Qu'avant, vous étiez dans mon monde,

Je suis vraiment sensible,
Moi que vous avez rendu la vie impossible,
Moi qui deviens pour les violences une cible,
Moi, qui à la gestion de la province, inadmissible,

C'est moi qui vous ai ouvert au monde la porte,
Moi que vous ne donnez pas la chance aux votes,
Vous me regardez comme une lettre morte,
Et encore, c'est tout le monde qui me saute,

Ô femme ciblée aux violences,
Déstabilisée par toute mouvance,
De sa propre descendance,
Bien qu'elle se console dans son silence,

Printed by Books on Demand GmbH, Norderstedt / Germany